SOCIÉTÉ DE L'HISTOIRE
DE LA RÉVOLUTION FRANÇAISE

LES CONVENTIONNELS

LISTES

PAR DÉPARTEMENTS ET PAR ORDRE ALPHABÉTIQUE

DES DÉPUTÉS ET DES SUPPLÉANTS
A LA CONVENTION NATIONALE

DRESSÉES D'APRÈS LES

DOCUMENTS ORIGINAUX DES ARCHIVES NATIONALES

avec nombreux détails biographiques inédits

PAR

JULES GUIFFREY

PARIS, AU SIÈGE DE LA SOCIÉTÉ
4, RUE DE FURSTENBERG, 4
1889

SOCIÉTÉ

DE

HISTOIRE DE LA RÉVOLUTION FRANÇAISE

Comité directeur et Bureau :

LISTE DES DÉPUTÉS

A LA

CONVENTION NATIONALE

PARIS, TYPOGRAPHIE GASTON NÉE

I, RUE CASSETTE, I

SOCIÉTÉ DE L'HISTOIRE
DE LA RÉVOLUTION FRANÇAISE

LES CONVENTIONNELS

LISTES

PAR DÉPARTEMENTS ET PAR ORDRE ALPHABÉTIQUE

DES DÉPUTÉS ET DES SUPPLÉANTS

A LA CONVENTION NATIONALE

DRESSÉES D'APRÈS LES

DOCUMENTS ORIGINAUX DES ARCHIVES NATIONALES

avec nombreux détails biographiques inédits

PAR

JULES GUIFFREY

PARIS, AU SIÈGE DE LA SOCIÉTÉ

4, RUE DE FURSTENBERG, 4

1889

AVERTISSEMENT

Les listes des députés à la Convention sont nombreuses; mais il n'en existe pas deux de tous points identiques. Cette diversité provient de plusieurs causes. Beaucoup d'inexactitudes sont imputables à la négligence des auteurs: certains noms ont été omis par eux, d'autres dénaturés; ainsi se sont produites des confusions ou des erreurs multiples. Si on consulte notamment les doubles listes, alphabétique et par ordre de départements, placées en tête des almanachs nationaux de 1793, de l'an II et de l'an III, on remarquera bien vite, non seulement que ces états diffèrent d'une année à l'autre, ce qui se comprend sans difficulté, la composition de l'Assemblée ayant été profondément modifiée dans l'espace de quelques mois, mais encore que les deux listes du même almanach ne concordent pas entre elles. Certains noms inscrits dans la liste alphabétique ne se retrouvent plus dans le classement géographique, et réciproquement.

Cette observation s'applique également aux nombreux tableaux des députés à la Convention, au nombre de dix ou douze, publiés pendant la durée des travaux de l'Assemblée. Sans doute, certaines nomenclatures sont moins défectueuses que d'autres; mais il n'en existe pas une seule qui mérite pleine confiance. On pourrait adresser les mêmes critiques aux publications plus récentes, notamment aux listes imprimées, soit dans les grands dictionnaires historiques et encyclopédiques, soit dans les revues spéciales (1).

Cependant il y aurait des distinctions à établir entre les derniers travaux, et il faut reconnaître que de sérieuses tentatives ont été faites en ces derniers temps pour sortir de ce chaos. Si le résultat n'a pas entièrement répondu aux efforts des historiens qui ont tenté de donner une liste définitive des Conventionnels, c'est que l'entreprise présentait des difficultés presque insurmontables pour quiconque ne disposait pas de certaines sources particulières d'information et n'était pas résolu à user d'une extrême circonspection.

Tout d'abord, personne n'ignore que la Convention, qui tint sa première séance le 20 septembre 1792, pour se séparer le 4 brumaire an IV (26 octobre 1795), fut profondément modifiée dans sa composition, pendant la durée de son existence, par suite de ses dissensions intestines, des proscriptions, des décès et des démissions. La liste des députés au 1er janvier 1793 diffère donc sensiblement de celle du 1er janvier 1794, et encore davantage de celle du 26 octobre 1795. C'est ce qui justifie, en partie du moins, les divergences que présentent les almanachs nationaux contemporains de la Révolution.

De plus, le mode de remplacement des députés n'était pas le même à cette époque qu'aujourd'hui. Lorsqu'une vacance venait à se produire, il n'était pas besoin, pour la combler, de recourir à des élections partielles, puisque, lors des élections générales, le corps électoral non seulement avait pourvu à la nomination des députés titu-

(1) On trouvera en appendice un tableau bibliographique des listes des Conventionnels publiées jusqu'à ce jour. On remarquera que bon nombre de ces listes contiennent des noms qui n'ont jamais appartenu à des Conventionnels, comme Cavenelle, J. Fenède, Joël Barscow.

laires, mais avait en même temps désigné des suppléants destinés à prendre la place de ceux qui viendraient à disparaître. La règle ordinaire, qui subit d'ailleurs plusieurs exceptions, était de nommer un suppléant pour trois députés, ou une fraction inférieure à trois. Ainsi, les départements dont la représentation comprenait quatre, cinq ou six députés, nommaient deux suppléants; ceux qui comptaient de sept à neuf députés, avaient trois suppléants, et ainsi de suite. Paris, représenté par vingt-quatre députés, élut donc huit suppléants.

Parmi les départements qui dérogèrent à la règle générale, le cas le plus étrange est celui de Seine-et-Marne. Ce département, nommant onze députés, avait droit à quatre suppléants; il en désigna un nombre égal à celui des députés; les Bouches-du-Rhône eurent dix suppléants pour douze députés. On ne doit pas oublier enfin que les démissions données après la clôture des opérations électorales par des députés élus à leur insu provoquèrent, dès le mois d'octobre 1792 (1), un décret ayant pour but de combler les vides causés par ces refus dans la représentation nationale.

Beaucoup de ces suppléants, nommés dès le début ou lors des élections supplémentaires, prirent place à la Convention. Sur près de trois cents suppléants élus, plus de cent soixante-dix furent appelés à siéger. Et encore, dans ce nombre ne compte-t-on pas ceux qui remplacèrent les députés ayant refusé d'accepter le mandat avant même la clôture des opérations électorales.

(1) Voici l'extrait du procès-verbal de la séance du 6 octobre 1792 (p. 191), relatif à ces élections complémentaires : « Un membre observe « que la plupart des départements ont nommé à la Convention nationale « des citoyens absens qui, depuis la séparation des assemblées électorales, « ont ou refusé d'accepter, ou déclaré leur précédente acceptation dans « quelqu'autre département. Il demande que les assemblées électorales, « lors de leur prochaine réunion, soient autorisées à nommer un nombre « de suppléants égal à celui des députés qui pourraient avoir donné leur « démission, ou refusé d'accepter.

« Cette proposition est décrétée. »

Ces derniers, qu'on peut considérer plutôt comme non acceptants que comme démissionnaires, ne sauraient figurer à un titre quelconque parmi les membres de la Convention. Il importait toutefois de les signaler en les distinguant soigneusement de ceux de leurs collègues qui ne donnèrent leur démission qu'après la clôture des premières opérations électorales et qui, sans avoir jamais siégé, figurèrent cependant au début sur la liste officielle des députés du département où ils avaient été nommés.

A cette seconde catégorie appartiennent naturellement les députés élus dans plusieurs départements (1). Si quelques-uns, informés en temps opportun, firent connaître leur refus au cours des élections, la plupart ne purent se prononcer qu'après la clôture des opérations. Dans ce cas, les suppléants furent appelés de suite pour compléter la représentation de leur département.

Les détails dans lesquels on vient d'entrer suffisent

(1) Voici la liste des députés élus dans plusieurs départements :

Les italiques désignent les départements pour lesquels optèrent les députés nommés plusieurs fois.

CARRA, élu sept fois : Bouches-du-Rhône, Charente, Eure, Loir-et-Cher, Orne, *Saône-et-Loire*, Somme.

CONDORCET, élu cinq fois : *Aisne*, Eure, Gironde, Loiret, Sarthe.

DUBOIS DE CRANCÉ, élu quatre fois : *Ardennes*, Bouches-du-Rhône (1er suppléant), Isère, Var.

PAINE (Thomas), élu quatre fois : Aisne, Oise, *Pas-de-Calais*, Puy-de-Dôme.

BRISSOT, élu trois fois : Eure, *Eure-et-Loir*, Loiret.

SIEYES, élu trois fois : Gironde, Orne et *Sarthe*.

Les douze députés suivants furent élus dans deux départements :

BARERE : Seine-et-Oise, *Hautes-Pyrénées*.

ALBITTE aîné : Eure, *Seine-Inférieure*.

CLOOTS : *Oise*, Saône-et-Loire.

CRASSOUS : Charente-Inférieure (3e suppléant), *Martinique*.

GORSAS : Orne, *Seine-et-Oise*.

HÉRAULT-SÉCHELLES : Somme, *Seine-et-Oise*.

LANTHENAS : Haute-Loire, *Rhône-et-Loire*.

MARQUIS : Loiret (1er suppléant), *Meuse*.

MERCIER : Loir-et-Cher (1er suppléant), *Seine-et-Oise*.

MERLIN (de Thionville) : Somme, *Moselle*.

PRIESTLEY : Orne, Rhône-et-Loire (refuse).

ROBESPIERRE aîné : Pas-de-Calais, *Paris*.

En tout, dix-huit députés obtiennent cinquante nominations, dont trois en qualité de suppléants.

déjà pour faire apprécier les difficultés multiples que rencontre l'établissement d'une liste exacte et définitive des Conventionnels, et nous n'avons pas fini ! Qu'on n'aille pas s'imaginer que ces explications sont superflues et ne servent qu'à mettre en relief le mérite de l'auteur. Elles sont, croyons-nous, absolument indispensables pour montrer l'origine des erreurs commises et faire sentir les précautions, la prudence qu'exige la préparation d'un relevé si simple en apparence.

Et, de fait, je n'ai jamais entrepris, pour ma part, un travail, quel qu'il soit, aussi compliqué que celui-ci. L'abondance même des textes officiels, souvent en contradiction formelle les uns avec les autres, condamne celui qui cherche la vérité à des hésitations perpétuelles. Un document qui paraît décisif, irréfutable, est parfois entaché d'erreur. N'ai-je pas été amené à constater qu'un député des Ardennes (1) qui avait pris séance dès l'ouverture de la Convention, qui n'avait cessé de siéger régulièrement, qui avait répondu à toutes les questions lors du jugement de Louis XVI, était désigné dans le procès-verbal officiel du 12 juin 1793 (page 246) comme suppléant appelé à remplacer à cette date un de ses collègues du même département ?

Pour dresser une nomenclature définitive et complète des Conventionnels, il fallait donc laisser de côté les listes existantes et recourir aux documents originaux, les contrôler sans cesse les uns par les autres, et, en cas de contradiction, appeler la critique à son aide pour décider entre des affirmations opposées.

(1) Il s'agit de Jacques Blondel, 1er suppléant des Ardennes, qui siégea dès le début en remplacement de Raux, ancien Constituant, non acceptant. D'ailleurs le véritable rang de Blondel paraît avoir été ignoré même de ses contemporains. Sur les listes des députés des Ardennes, lors de l'appel nominal pour le jugement de Louis XVI, il figure avant tous ses collègues, tandis que le premier député est réellement Dubois de Crancé. Ce n'est qu'après bien des recherches que je suis parvenu à établir positivement que Blondel avait été élu 1er suppléant et avait siégé dès le début aux lieu et place de Raux.

Le document qui devait servir de base à ce travail minutieux se trouvait tout naturellement indiqué. Il était alors enjoint aux députés de se présenter après leur élection aux archives de l'Assemblée, où l'exact Camus inscrivait sur un registre destiné à cet usage les noms, prénoms et domiciles des représentants, en les faisant suivre de la date de l'enregistrement de l'acte d'élection et de celle de la comparution aux Archives. La déclaration était signée du déposant à qui l'archiviste remettait un certificat attestant que la formalité de l'inscription avait été remplie.

Si tous les Conventionnels avaient obéi à cette sage prescription et en avaient surveillé soigneusement l'exécution, bien des erreurs eussent été évitées. Mais tous ne se sont pas également piqués de ponctualité. C'est ainsi que beaucoup d'indications non signées sont sujettes à caution. De plus, les suppléants qui n'avaient pas de motif de se rendre à Paris dès le début de l'Assemblée, puisqu'ils ne furent appelés que plus tard et successivement, furent inscrits d'office, de sorte que leurs prénoms manquent souvent et que l'orthographe de leurs noms présente beaucoup d'inexactitudes.

Quoi qu'il en soit, le registre d'inscription des députés est un document d'une réelle valeur; dans la plupart des cas il mérite confiance et doit faire autorité. Il offre de plus cet avantage de nous avoir conservé la signature officielle en quelque sorte des comparants. Or, nous remarquerons bientôt que nombre de noms sont mal orthographiés sur beaucoup de listes et sont encore imprimés inexactement chaque jour. Il y a des habitudes prises contre lesquelles on aura beaucoup de peine à réagir.

Nous nous sommes attaché à reproduire l'orthographe du nom telle qu'elle résulte de la signature apposée sur le registre d'inscription, en comblant les lacunes de ce registre avec des documents empruntés aux archives de l'Assemblée, lettres, feuilles de présence, appels nominaux, etc. Sur le registre en question, il manque environ 186 signatures : 84 de députés, 102 de suppléants. La presque totalité des suppléants non comparants n'a jamais siégé. Sur les 84 députés qui n'ont pas signé, 36 ont refusé le mandat, ou ont opté pour un autre département que celui où leur signature fait défaut. Il restait donc à vérifier l'orthographe d'une cinquantaine de noms, que nous avons tous retrouvés, soit dans les pièces officielles, soit dans des collections particulières.

Ajoutons que M. Étienne Charavay, qui connaît comme personne au monde le personnel des hommes de la Révolution, a bien voulu revoir l'orthographe de tous les noms et ajouter à nos notes les renseignements que sa longue étude du sujet lui a permis de réunir. Nous ne saurions trop le remercier de ce précieux concours.

Il n'est que juste de reconnaître ici que la lourde tâche que nous imposait la multiplicité des vérifications minutieuses exigées par ce travail, a été singulièrement allégée par le concours efficace et assidu que nous a prêté, pendant toute la durée des recherches, c'est-à-dire durant plus de quatre mois, notre soigneux collègue M. Alexandre Tuetey, sous-chef de section aux Archives nationales.

Pour donner quelques exemples des erreurs le plus communément répandues, nous citerons Chaudron-Roussau que tous les historiens écrivent Chaudron-Rousseau. Saliceti signe toujours avec un seul t, et Arrighy termine son nom par un y qui fait une singulière figure dans une désinence italienne. Le nom de Jeanbon Saint-André est toujours écrit par les historiens en quatre mots, tandis que ses signatures réunissent toujours les deux premières syllabes. Que de fois encore a-t-on imprimé Hermann pour Ehrmann !

Cette reproduction exacte de la forme véritable des noms a souvent une réelle importance pour éviter les confusions entre plusieurs députés se nommant de même. Elle permettra de distinguer Coupé de l'Oise de Couppé des Côtes-du-Nord. Dans les Bouches-du-Rhône, figure Moyse Bayle à côté de Pierre-Marie Baille ; comment les reconnaître si on ne respecte pas l'orthographe de leurs noms ? Et nous avons pu constater que, dans les pièces imprimées du temps de la Révolution, le peu de soin qu'on a pris de respecter cette orthographe des noms propres est une cause de confusions perpétuelles.

On trouvera peut-être que c'est pousser le scrupule de l'exactitude au delà de ses dernières limites que de reproduire les accents et les trémas des signatures originales. Il nous a semblé pourtant que ces minuties n'étaient pas tout à fait indifférentes. Parfois un tréma nous donne la prononciation ancienne. Ainsi, on détachait évidemment l'i, en prononçant le nom de Laplaïgne, député du Gers. Pâcrôs, qui a toujours soin de surmonter les deux voyelles de son nom de deux sortes d'accent circonflexe, ne nous indique-t-il pas ainsi que ces deux voyelles sont longues et que la voix doit traîner en les prononçant ? On remarquera encore combien l'accent grave est rare en 1792 ; dans bien des cas où nous l'employons sans hésiter, on ne rencontre que l'accent aigu.

Un certain nombre de députés portaient, suivant un usage répandu dans quelques régions, un double nom, comme Chaudron-Roussau, par exemple. Quand les deux noms figurent à la signature, pas de difficulté ; mais si le député ne signe que d'un seul, nous avons inscrit à la suite la seconde partie du nom sous lequel il est généralement connu, en l'enfermant entre crochets [.....]. Cette indication était indispensable pour permettre de retrouver certains députés désignés quelquefois sous leur appellation la moins usuelle. Tout récemment un certain Lonchamp, en mission dans le Calvados, a intrigué longtemps un de nos écrivains les plus versés dans l'histoire révolutionnaire. Comment le reconnaître en effet, si l'on ne sait que Jouënne, du Calvados, s'appelait Jouënne-Lonchamp et signait quelquefois de son double nom, mais jamais Lonchamp tout court? De plus, bien peu de listes imprimées, s'il en est, le nomment autrement que Jouënne. Aucune ne cite un Lonchamp.

Il arrive parfois que le même individu a changé de signature dans le cours de sa carrière. Le fait est rare, mais il s'est produit, et les exemples ne seraient pas difficiles à citer. Avions-nous à tenir compte de ces différences? Cette recherche nous eût entraîné bien loin, sans grand profit. Encore n'aurions-nous jamais eu la certitude d'être complet. Ce qui importait, c'était de déterminer l'orthographe des noms propres et leur véritable forme au début de la Convention ; or, tous les documents que nous avons mis à contribution, en dehors du registre d'inscription, sont à peu près de la même date, c'est-à-dire de la fin de 1792, de 1793 ou de 1794. On verra, par l'examen de ces listes, avec quel soin les députés appartenant à l'ancienne noblesse retranchent ou dissimulent la particule nobiliaire, vestige de leur ancienne qualité.

Pour faciliter les recherches, nous avons multiplié les renvois dans le classement alphabétique, afin que lorsqu'un député se trouve désigné par un seul de ses noms, fût-ce le moins usité, il puisse être facilement identifié.

La nécessité de ce travail un peu méticuleux nous a été démontrée par l'examen attentif des procès-verbaux imprimés de la Convention et de la table encore manuscrite de ces procès-verbaux qu'il serait bien utile de faire paraître, en plaçant en tête la liste des Conventionnels, suivant la règle suivie pour les autres tables déjà publiées des Assemblées révolutionnaires. Or, dans les procès-verbaux officiels, se rencontrent constamment des noms de députés presque méconnaissables. L'établissement d'une liste bien complète, donnant l'orthographe exacte, était le seul moyen de déterminer les noms répétés sous deux ou trois formes différentes. Grâce au présent travail, on ne sera plus exposé à croire que Aulart, Eulart et Enlart sont trois personnages différents. Exmar ne fait qu'un avec Ezemar. Dandenac et Daudenac sont deux formes du même nom, souvent prises l'une pour l'autre. Legris qui figure aux procès-verbaux imprimés n'a jamais existé. Il faut évidemment lire Leyris (du Gard) qu'on trouve également sous la forme Layris. Citons encore Viquy parfois appelé Vigny. Ces méprises s'expliquent aisément. L'imprimeur n'a pu lire un nom mal écrit. Il faut bien reconnaître aussi que certaines signatures seraient indéchiffrables, si on n'avait sur la même page du registre des Archives le nom recopié.

Nous ne pouvions tenir compte ici de toutes ces fantaisies orthographiques dont le catalogue fût resté, malgré tout, incomplet. C'est au lecteur, s'il ne trouve pas dans notre liste un nom fourni par un document ancien, d'user d'un peu de sagacité pour découvrir sous la forme défectueuse le personnage dont on a voulu parler.

Le registre d'inscription des députés, s'il offre les éléments fondamentaux de la liste des Conventionnels, n'est, on l'a dit, ni complet, ni toujours exact. Il a donc fallu puiser à d'autres sources pour combler les lacunes ou rectifier les erreurs. Nous avons eu recours, comme au contrôle le plus efficace, aux procès-verbaux d'élection, conservés en tête des archives de l'Assemblée. Si ces pièces ne font pas foi, en quelles preuves pourra-t-on désormais avoir confiance? Ces procès-verbaux, dépouillés page par page, ligne par ligne, nous ont livré les noms d'un certain nombre de députés régulièrement élus, mais déclarant, séance tenante, leur refus d'accepter, et, par suite, immédiatement remplacés. Sans doute, ces noms n'ont aucun titre à figurer sur la liste des Conventionnels, et, de fait, ils sont omis sur la plupart des listes imprimées; il y avait intérêt cependant à les mentionner en note, ce qui a été fait dans le tableau des représentations départementales, car plusieurs de ces députés figurent sur certains états des Conventionnels, bien qu'ils n'aient jamais siégé; or, il importait de justifier leur omission.

Avons-nous atteint, au prix de tant de précautions, un résultat absolument définitif? Nous n'osons l'espérer, tant la tâche entreprise présentait de difficultés. Au moins, croyons-nous avoir acquis quelques droits à l'indulgence des érudits qui relèveront des erreurs dans le présent travail, et nous serions très sincèrement reconnaissant aux lecteurs qui voudraient bien nous faire part de leurs observations en nous signalant les inexactitudes à corriger.

Il ne suffisait pas de posséder la liste de tous les représentants exactement orthographiés. Quand plusieurs députés portent le même nom, on ne saurait les distinguer que par leurs prénoms. Cette particularité n'est pas moins nécessaire pour dresser le tableau des députés ayant appartenu aux différentes assemblées révolutionnaires. Sans la connaissance exacte des prénoms, on est constamment exposé à confondre deux homonymes.

La recherche des prénoms rencontrait plus d'obstacles peut-être que celle de la véritable orthographe des noms de famille. Le registre d'inscription les omet souvent. Les procès-verbaux d'élection n'en fournissent qu'un petit nombre. Pour arriver à un résultat aussi satisfaisant que possible, on a eu recours à différentes listes jointes aux dossiers de la Convention, aux lettres émanées des députés eux-mêmes, accompagnées souvent de renseignements autobiographiques précieux, aux déclarations d'âge et de mariage des représentants du peuple à la Convention, faites en exécution des articles 4 et 5 du décret du 5 fructidor an III déterminant les conditions d'éligibilité aux Conseils des Cinq-Cents et des Anciens, enfin aux listes rédigées avec grand soin, placées en tête des tables imprimées des procès-verbaux de l'Assemblée législative et des deux Conseils. Ces divers éléments, contrôlés l'un par l'autre, ont comblé presque toutes les lacunes.

C'est peu de chose en effet s'il reste seulement quatre députés en titre dont on ne soit pas parvenu à découvrir les prénoms. Voici les noms de ces députés dont les prénoms ont échappé à toutes nos recherches : *Tavernel*, du Gard, ex-législateur, *Depinay*, du Bas-Rhin, *Guillermin*, de la Guadeloupe, et *Rechin*, de Saint-Domingue. Aucun de ces députés, sauf Tavernel, qui donna sa démission en décembre 1792, n'a siégé. Sans doute, des recherches dans les archives locales permettraient de combler ces lacunes ; mais nous n'avons pas eu le loisir de les tenter et nous attendrons des travailleurs départementaux le complément de nos investigations.

La liste des suppléants offrira plus de lacunes que celle des députés, et cela se conçoit aisément. Il reste à retrouver les prénoms de cinquante-cinq suppléants environ ; mais il en est bien peu parmi ceux-ci, s'il en est, qui aient siégé.

La question des prénoms donnerait lieu à de curieuses remarques si nous avions le loisir de nous étendre sur les diverses particularités que nous avons observées dans le cours de nos recherches. Ainsi, certains vocables sont tellement populaires dans une région que tous les députés du même département le portent. Tel est le cas de la représentation de la Haute-Saône : tous les députés de ce département, sans exception, ont Claude pour premier prénom. On reconnaît à cela la popularité d'un saint local. Dans le même département, l'un des suppléants porte le nom de saint Anatoile qui était l'objet d'une vénération particulière à Salins. Ailleurs, nous rencontrons Pardoux (Bordas), Pourçain (Martel), Benazit (Roquelory), Bigori (Chambon), Marien (Leclerc), Bruno (Boissier), Victurnien (Vergniaud), Phalier (Lejeune), Marcou (Brisson), François de Paule (Bertrand), Nazaire (Fabre d'Églantine), Esprit (Dubois). Ces noms sont presque toujours en usage dans le voisinage d'un sanctuaire placé sous l'invocation d'un saint très vénéré, et, par suite, indiquent à quelle région de la France appartiennent ceux qui les ont reçus. On en pourrait citer de plus singuliers encore, dont le choix semble inspiré par des causes différentes et par une dévotion de famille. Ainsi, l'illustre organisateur de la victoire s'appelait Marguerite; Montgilbert avait reçu au baptême le nom d'Agnès, Blutel celui de Rose, Girard celui d'Anne; Mazade se nommait Dorothée, Frécine Lucie, Lemoine Angélique, Dufriche-Valazé Éléonor, Guadet, comme Carnot, portait le prénom de Marguerite. Quant au nom de Marie, il revient assez fréquemment.

Notre liste fournirait les éléments d'une curieuse statistique sur les prénoms les plus répandus à la fin du dix-huitième siècle, en permettant de déterminer ceux qui sont communs au Nord et au Midi, à l'Est comme à l'Ouest. Sans entrer dans de plus longs détails, nous remarquerons seulement que les noms de François, Jean, Jean-Baptiste, Pierre, Joseph sont ceux qui reparaissent le plus souvent.

La recherche des noms propres et des prénoms nous a conduit à dépouiller, comme on l'a dit, les procès-verbaux d'élection conservés en tête des cartons de la Convention. Cet examen nous a révélé les particularités les plus curieuses sur les opérations électorales des différents départements. Mais le récit des faits ainsi recueillis nous entraînerait bien au delà des limites d'une introduction; il y aurait là matière à une étude d'ensemble fort intéressante. Nous nous bornerons à signaler certains points rentrant tout à fait dans les limites de notre travail.

On sait que l'élection de tous les députés de nos assemblées révolutionnaires eut lieu à deux degrés. Les délégués des électeurs du premier degré se réunissaient dans une ville centrale, où il était procédé à l'élection du député avec une véritable solennité et une grande lenteur (1). Le nombre des électeurs du second degré varie suivant le chiffre de la population. Il ne tombe guère au-dessous de trois cents, et ne s'élève pas beaucoup au-dessus de six cents. Les députés sont élus au scrutin secret, à la majorité absolue des voix, par vote uninominal. Après deux tours de scrutin restés sans résultat, un troisième tour a lieu entre les candidats ayant obtenu le plus de suffrages. En raison de ces formalités, l'élection d'un député exige parfois plus d'une séance. Le temps se passe en discours perpétuels : protestations des électeurs mécontents, remerciements de l'élu, réponse du président. Aussi, dans les contrées frontières, dans les Ardennes, dans la Haute-Marne, le voisinage de l'ennemi fait abréger les formalités. De crainte d'une surprise, on précipite l'élection. Les députés de la Haute-Marne sont nommés en bloc, au scrutin de liste.

Toutes ces particularités ont un intérêt historique. Il est un renseignement que nous avons cru devoir emprunter aux procès-verbaux d'élection, chaque fois que nous l'y avons rencontré. C'est l'indication de la profession du député ou des fonctions publiques qu'il occupait lors de sa nomination. En parcourant la liste, on remarque que la majorité des élus appartient à la catégorie des hommes de loi ; beaucoup d'entre eux exerçaient aussi des fonctions administratives ou judiciaires dans leur département. Le nombre des négociants ou des cultivateurs est peu considérable. Mais ce qui étonnera sans doute plus

(1) Était électeur, d'après les décrets de l'Assemblée législative des 10, et 21 août 1792 (p. 23, 102 et 159 du procès-verbal), tout Français, âgé de vingt-un ans, domicilié depuis un an, vivant du produit de son travail ; mais l'âge de vingt-cinq ans était exigé pour être nommé électeur ou député à la Convention. La Convention devait avoir le même nombre de députés et de suppléants que l'Assemblée Législative. Les collèges électoraux se réunirent le 2 septembre. La date de la réunion de la Convention était fixée au 20 septembre. Toutes ces prescriptions furent rigoureusement observées presque partout.

d'un lecteur, c'est la quantité de prêtres, de religieux et même d'évêques qui siégèrent à la Convention. On ne compte pas moins de dix-sept évêques, tous constitutionnels, bien entendu, parmi les Conventionnels. Voici leurs noms :

Royer, *Ain.*
Cazeneuve, *Hautes-Alpes.*
Fauchet, *Calvados.*
Thibault, *Cantal.*
Torné, *Cher.*
Huguet, *Creuse.*
Seguin, *Doubs.*
Marbos, *Drôme.*
Lindet (Thomas), *Eure.*
Saurine, *Landes.*
Grégoire, *Loir-et-Cher.*
Wandelaincourt, *Haute-Marne.*
Villar, *Mayenne.*
Lalande, *Meurthe.*
Massieu, *Oise.*
Sanadon, *Basses-Pyrénées.*
Gay-Vernon, *Haute-Vienne.*

La liste des religieux, prêtres ou ministres protestants, n'est pas moins curieuse. Elle compte trente-deux noms se décomposant de la manière suivante :

Ministres protestants : Bernard Saint-Affrique (*Aveyron*) ; Rabaut de Saint-Étienne (*Aube*); Rabaut-Pomier (*Gard*).

Vicaires épiscopaux : Lakanal (*Ariège*) ; Moltedo (*Corse*) ; Chabot (*Loir-et-Cher*); Paganel (*Lot-et-Garonne*); Roux (*Haute-Marne*); Goyre-Laplanche et Leblanc (*Nièvre*) ; Monestier (*Puy-de-Dôme*); Simond (*Bas-Rhin*); Guyardin et Marest (*Seine-et-Marne*).

Chanoines : Monnot (*Doubs*).

Bénédictins : Poultier (*Nord*).

Oratoriens : Ichon (*Gers*) ; Ysabeau (*Indre-et-Loire*) ; Daunou (*Pas-de-Calais*) ; Bailly (*Seine-et-Marne*).

Prêtres constitutionnels : Châles (*Eure-et-Loir*) ; Drulhe (*Haute-Garonne*); Rochejean (*Loir-et-Cher*) ; Monnel (*Haute-Marne*) ; Coupé (*Oise*) ; Lebon (*Pas-de-Calais*) ; Gibergues (*Puy-de-Dôme*) ; Delcasso et Chambon (*Pyrénées-Orientales*); Sieyes (*Sarthe*) ; Haussmann (*Seine-et-Oise*) ; Roberjot (*Saône-et-Loire*) ; Ruault (*Seine-Inférieure*) ; Musset (*Vendée*).

En résumé : dix-sept évêques, onze vicaires épiscopaux, un chanoine, un Bénédictin, quatre Oratoriens, quatorze curés ou prêtres et trois ministres protestants, soit cinquante-un Conventionnels appartenant aux diverses églises représentées en France. Ce chiffre n'a pas lieu de surprendre quand on se rappelle que les évêques constitutionnels et leurs vicaires devaient leurs titres à l'élection.

Du moment où nous indiquions autant que possible la situation sociale et politique de chacun des Conventionnels lors de son élection, il devenait indispensable de noter ceux qui avaient fait partie soit de la Constituante, soit de la Législative. Les listes qui précèdent les tables des procès-verbaux imprimés de ces Assemblées nous ont été d'une grande utilité pour déterminer les membres de la Convention qui avaient déjà siégé à la Constituante ou à la Législative. Toutefois, la liste des Constituants ne donnant pas les prénoms de ses membres, laisse place quelquefois à des incertitudes (1). De plus, nous avons constaté que la liste des membres de la Législative offre des lacunes, peu nombreuses il est vrai, mais qu'il importe de relever. Ainsi, on n'y voit pas figurer le nom d'Olivier-Gérente qui ne prit séance que le 29 août 1792, mais dont l'admission est consignée au procès-verbal. Il est donc à peu près impossible, même en ne consultant que les documents les plus sûrs et les plus authentiques, d'éviter toute chance d'erreur.

Voici donc la liste des Conventionnels et de leurs suppléants définitivement établie, avec l'orthographe exacte des noms, avec les prénoms des députés, leurs professions,

(1) L'examen de la liste des suppléants à la Constituante nous a démontré que plusieurs d'entre eux avaient fait partie de la Législative ; ainsi, l'exclusion de la nouvelle assemblée, décrétée par la Constituante contre ses membres actifs, ne s'étendait pas aux suppléants. Parmi ceux qui se trouvaient dans ce cas, nous citerons François de Neufchâteau.

leurs antécédents politiques et la mention de ceux qui, régulièrement élus, ont décliné le mandat (1).

Notre tâche est-elle terminée? Point encore.

Il s'agit de déterminer maintenant ceux de ces suppléants qui furent appelés à remplacer les députés disparus pour une cause quelconque, et ceux qui ne siégèrent jamais. Cette distinction a une importance capitale. On ne peut l'établir qu'en suivant les députés pas à pas et en cherchant la date exacte de leur mort. Beaucoup périrent de mort violente, d'autres donnèrent leur démission ; quelques-uns furent tués à l'ennemi. A mesure qu'ils disparurent, les suppléants furent appelés, et, dans certains départements, ils ne suffirent pas à combler les vides, tandis que, dans d'autres, les députés du début se retrouvèrent au complet lors de la dissolution de l'Assemblée.

C'est l'histoire de ces transformations incessantes de l'Assemblée que nous avons essayé de fixer à l'aide du seul document qui permette d'arriver à des résultats certains. Nous voulons parler des tables manuscrites des procès-verbaux de la Convention (2). Il y a longtemps déjà que nous avons dépouillé minutieusement ces tables, en notant toutes les mentions de démission ou d'admis-

(1) Les anciennes listes et les almanachs nationaux indiquent souvent le domicile des députés à Paris. On conçoit l'utilité de ce renseignement pour les contemporains. Nous avons cru pouvoir l'omettre ici sans inconvénient, d'autant plus que ces adresses ont changé pour beaucoup de Conventionnels pendant le cours de la session. En effet, la plupart des députés de province se logeaient dans des hôtels meublés, et, souvent, la députation entière du même département, seul fait digne d'être noté, habitait la même maison ou au moins la même rue.

(2) Ces tables existent aux Archives nationales ; elles ont été rédigées avec grand soin de 1803 à 1806 environ. Elles sont écrites sur cent cinquante mille fiches renfermées dans vingt-deux grandes boîtes.

On s'est occupé, à plusieurs reprises, d'en commencer la publication qui comblerait une lacune regrettable dans la suite des tables de nos assemblées depuis 1789 jusqu'à nos jours. Ce projet de publication a par malheur toujours rencontré des résistances, soit aveugles, soit intéressées, qui l'ont fait échouer, comme cela vient encore d'arriver il y a quelques mois.

sion de députés; et c'est ainsi que nous pouvons établir pour la première fois, d'une manière rigoureusement exacte, quelle fut aux différentes époques la composition de l'Assemblée. Ces détails se trouveront portés en note dans la liste alphabétique. Un signe particulier indique ceux des députés qui ont donné leur démission avant de siéger et ceux des suppléants qui n'ont pas été appelés. Enfin, nous avons noté soigneusement la date du décès de ceux qui succombèrent pendant la durée de l'Assemblée.

Les recherches auxquelles nous nous sommes livré ont produit les résultats suivants :

Dix-sept députés, parmi lesquels on rencontre les noms de Bernardin de Saint-Pierre, François de Neufchâteau et Priestley, bien que figurant sur les listes des départements qui les ont élus, ont donné leur démission avant l'ouverture de l'Assemblée.

Trente-cinq députés quittèrent la Convention entre le 20 septembre 1792 et le 26 octobre 1795.

Cent vingt-sept suppléants, sur près de trois cents, ne furent jamais appelés et ne siégèrent pas.

Dix-neuf députés moururent de mort naturelle avant la séparation de l'Assemblée.

Neuf périrent devant l'ennemi ou dans le cours des missions dont ils avaient été chargés.

Quatre furent livrés aux Autrichiens et retenus en captivité pendant presque toute la durée de la Convention.

Soixante-seize périrent de mort violente.

Enfin cent vingt-six furent ou déportés ou incarcérés pendant un espace de temps plus ou moins long.

Parmi ces derniers figurent les soixante-treize Girondins mis en arrestation pour avoir protesté contre la journée du 2 juin, et placés pendant près de deux ans dans l'impossibilité de prendre part aux travaux de l'Assemblée. Il n'était pas indifférent de signaler leur absence et sa durée.

Nous avons pensé que le tableau des députés qui cessèrent de faire partie de la Convention avant sa dissolution pourrait être de quelque utilité. On se reportera aux notes alphabétiques pour connaître la date exacte de leur démission ou de leur mort, date relevée sur les procès-verbaux imprimés ou dans d'autres publications authentiques.

Voici d'abord les noms des députés qui, bien que figurant sur les listes départementales, donnèrent leur démission avant l'ouverture de l'Assemblée :

André,
Bal,
Barthélemi,
Bernardin de Saint-Pierre,
Bertrand (Bas-Rhin),
Cayrol,
Delaunai de Mailly,
Depinay,
D'Hiriart,
François de Neufchâteau,
Lemarchand,
Lolivier,
Mailhe,
Marquis,
Priestley,
Tardiveau,
Vernier.

Les démissions données au cours des séances s'élèvent, a-t-on dit, à trente-cinq. Voici les noms des députés qui résignèrent leur mandat après avoir siégé plus ou moins longtemps :

Balla,
Barety,
Barthelemy (André),
Bertrand La Hosdinière,
Chevalier (Sarthe),
Daubermesnil,
Dechézeaux,
Dehouliere,
Dufestel,
Duplantier,
Fockedey,
Garan,
Hugo,
Jacob,
Jourdan,
Larroche,
Le Clerc,
Lemaréchal,
Malhes,
Meillan,
Méjansac,
Mennesson,
Mollet,
Moreau,

Peuvergne,
Pilastre,
Pottofeux,
Rebecquy,
Rechin,
Rongiès,
Sanadon,
Solomiac,
Tavernel,
Tocquot,
Torné.

On sait que les députés Camus, Bancal, Drouet et Quinette, livrés aux Autrichiens par Dumouriez, le 3 avril 1793, avec le ministre de la guerre Beurnonville, ne rentrèrent en France que le 25 décembre 1795 et ne prirent aucune part aux travaux de la Convention à dater du jour de leur détention.

Passons aux députés décédés de mort naturelle pendant la durée de la Convention ; voici leurs noms :

Anthoine,
Asselin,
Caila (le 21 janvier 1793),
De Sacy,
Dupont,
Gasparin,
Germignac,
Guillermin,
Guyès,
Loncle,
Mellinet,
Nogueres,
Petit,
Petitjean,
Potier,
Sautayras,
Thomas,
Verdollin,
Villette.

Neuf députés ou suppléants périrent en mission de mort violente ou par le feu de l'ennemi, ce sont :

Baille et Beauvais, morts en prison à Toulon pendant l'insurrection de cette ville.
Dugommier, tué à l'armée des Pyrénées-Orientales qu'il commandait.
Fabre, tué à l'armée des Pyrénées-Orientales.
Féraud, massacré pendant la journée du 1er prairial.
Maupassant, suppléant, mis à mort à Machecoul par les Vendéens.
Roquelory, suppléant, tué à l'armée des Pyrénées-Orientales.

Tartu, suppléant, mort en combattant sur une frégate qui reçut ensuite son nom.

Tellier, qui se tua à Chartres de désespoir de n'avoir pu calmer une émeute populaire.

Voici enfin les noms des soixante-seize députés ou suppléants qui furent exécutés, assassinés ou se tuèrent eux-mêmes pour échapper à l'échafaud qui les menaçait :

Antiboul,
Barbaroux,
Basire,
Bernard (Bouches-du-Rhône),
Birotteau,
Boilleau jeune,
Buiron-Gaillard, *supp.*,
Boisguyon, *supp.*,
Bourbotte,
Boyer-Fonfrède,
Brethon, *supp.*,
Brissot,
Buzot,
Carra,
Carrier,
Chabot (François),
Chambon (Corrèze),
Chauty, *supp.*,
Cloots,
Condorcet,
Coustard,
Couthon,
Cussy,
Danton,
Delacroix (Eure-et-Loir),
Desmoulins,
Doublet (mort à la Force),
Duchastel,
Ducos jeune,
Dufriche-Valazé,
Duprat,
Duquesnoy,
Égalité (Philippe d'Orléans),
Fabre d'Églantine,
Fauchet,
Gardien,
Gensonné,
Gorsas,
Goujon,
Grangeneuve,
Guadet,
Hérault-Séchelles,
Kersaint,
Lacaze,
Lasource,
Lauze-Deperret,
Le Bas,
Le Bon (Joseph),
Lehardi,
Lepeletier Saint-Fargeau (assassiné),
Lesterpt-Beauvais,
Lidon,
Manuel,
Marat (assassiné),
Maure aîné,
Mericamp, *supp.*,
Minvielle aîné,
Noel,
Perrin (mort au bagne),

Petion,
Philippeaux,
Rabaut de Saint-Étienne,
Robespierre aîné,
Robespierre jeune,
Romme,
Ruamps,
Rühl,
Saint-Just,
Salle,
Sillery,
Simond,
Soubrany,
Texier,
Valady,
Vergniaud,
Viger.

Quant aux députés incarcérés ou déportés, nous avons donné dans les notes de la table alphabétique tous les renseignements qu'il nous a été possible de recueillir sur le laps de temps pendant lequel ils furent éloignés des travaux de l'Assemblée.

La Convention, cela résulte suffisamment des tableaux précédents, ne fut jamais au grand complet.

Si l'on interroge les procès-verbaux permettant de constater le chiffre des présents, on est frappé du petit nombre de députés assistant régulièrement aux séances. Sauf en deux ou trois circonstances solennelles, telles que le jugement de Louis XVI, ou le vote sur la mise en accusation de Carrier, le total des membres présents, indiqué seulement dans les séances où se fait l'élection du président et des secrétaires, s'élève rarement au-dessus de 350. Le *quantum* exigé de nos jours pour la validité des opérations n'est presque jamais atteint. Cependant, le 4 octobre 1792, le vote pour la présidence constate 460 membres présents. Le 18 du même mois, il n'y a plus que 458 votants. On en compte encore 417 le 18 décembre. Puis ce chiffre ne cesse de diminuer et tombe à 355 (24 janvier), à 365 (7 février), à 293 (2 mai), à 241 (13 juin), à 186 (25 juillet). A partir de cette date, il oscille entre 220, ou même moins, et 250 ou 260 au maximum. Cependant, le 2 fructidor an III, il se trouva 314 députés présents pour appeler à la présidence Marie-

Joseph Chénier que le procès-verbal appelle obstinément, répétant son erreur jusqu'à trois fois en quelques lignes, André Chénier.

La séance qui vit, croyons-nous, l'affluence la plus considérable fut celle du 16 prairial an II, où Maximilien Robespierre fut nommé président à l'unanimité par 485 députés présents. Or, il est à noter qu'à cette date les proscriptions avaient commencé depuis longtemps ; plus de cent Girondins ou Dantonistes étaient morts ou en prison.

S'il était de première importance de dresser le tableau complet des députés et des suppléants élus à la Convention, il ne paraît pas moins utile de donner un état de la représentation nationale lors de la dissolution de l'Assemblée. Or, un document bien authentique va nous fournir les renseignements les plus complets à cet égard en ajoutant de nombreux éléments fort curieux aux notes biographiques recueillies de divers côtés.

La loi, votée le 5 fructidor an III sur la formation des deux assemblées qui devaient remplacer la Convention nationale, contient les articles suivants :

« Art. 2. Tous les membres actuellement en activité « dans la Convention sont rééligibles. Les assemblées « électorales ne pourront en prendre moins des deux « tiers pour former le Corps législatif.

« Art. 3. Ne sont point compris parmi les députés en « activité ceux qui ont été décrétés d'accusation ou « d'arrestation.

« Art. 4. Chaque député remettra par écrit, d'ici « au 20 fructidor, au Comité des décrets, procès-verbaux « et archives, sa déclaration sur son âge et sur les « autres conditions prescrites par la Constitution pour « être membre de l'un ou l'autre Conseil législatif. »

Les députés s'empressèrent d'obéir à ces prescriptions ; leur intérêt même était en jeu. La Constitution de l'an III avait décidé que, pour appartenir au Conseil des Anciens, il fallait avoir atteint quarante ans et être marié ou veuf. Du moment où les nouvelles Assemblées devaient se composer, pour les deux tiers au moins, de Conventionnels, il était de toute nécessité de connaître l'âge exact des députés en exercice.

C'est cet article 4 de la loi du 5 fructidor qui nous a valu les déclarations précieuses où nous pouvons recueillir des renseignements en quelque sorte officiels sur l'âge des députés, parfois sur la date exacte et le lieu de leur naissance, enfin sur la situation de leur famille et bien souvent aussi sur le nombre de leurs enfants. Il n'a pas été possible de faire entrer dans le cadre de ce travail toutes les particularités ajoutées de temps en temps aux déclarations prescrites par la loi; mais il nous a paru indispensable de présenter un résumé fidèle de cette vaste instruction sur l'état civil des Conventionnels. A part les détails biographiques dont on vient de parler, elle a encore l'avantage de donner la composition exacte de la Convention deux mois avant sa dissolution.

Aussi, avons-nous cru devoir joindre aux deux premières listes des députés, l'une par départements, l'autre par ordre alphabétique, un troisième tableau offrant le dépouillement complet des déclarations faites en exécution de la loi du 5 fructidor. Nous avions d'abord songé à fondre ces détails biographiques avec ceux que contiennent nos deux premières listes. Toutefois, cette réunion d'éléments empruntés à des sources bien distinctes nous a paru présenter plus d'inconvénients que d'avantages. Quand un député indique par exemple le nombre de ses enfants, il ne parle pas de leur âge, il ne dit pas si ces enfants sont nés avant ou depuis la réunion de l'Assemblée. Ce qui nous a surtout décidé à publier à part cette troisième liste, c'est que l'ensemble de ces déclarations faites dans l'espace d'un mois, forme un tout homogène, provenant d'une source unique, et il nous a semblé qu'il y avait intérêt à ne pas le morceler, le noyer pour ainsi dire dans d'autres informations hétérogènes.

Ainsi chacune de nos trois listes conservera son caractère spécial. La liste par départements présente la composition de l'Assemblée au jour de sa réunion, avec les renseignements sur les antécédents politiques ou sociaux de ses membres. La liste alphabétique porte la trace de toutes les modifications survenues dans la composition de l'Assemblée durant son existence. Enfin, le tableau formé d'après les déclarations de l'an III, constate l'état de la Convention peu de temps avant sa dissolution avec certaines additions sur les destinées ultérieures de ses membres.

Si l'on examine avec attention ces déclarations de l'an III, plusieurs faits saillants se dégagent au premier abord. C'est d'abord le grand nombre de députés mariés et pères de famille, puis l'extrême jeunesse de plusieurs d'entre eux. Parmi ces survivants de la grande tourmente révolutionnaire, quelques-uns n'ont pas atteint leur vingt-neuvième année. Les plus jeunes sont : Gamon, de l'Ardèche, et Castaing, de l'Orne ; ils ont vingt-huit ans et six mois. Or, Gamon avait siégé à l'Assemblée législative. Quand il était élu en 1791, il avait donc vingt-quatre ans et quelques mois. C'est à peu près l'âge de Saint-Just quand il vint siéger à la Convention.

Après Gamon et Castaing il faut citer Milhaud, Penières, Chazal, Zangiacomi et Boisson, âgés de vingt-neuf ans et quelques mois seulement. Seize autres avaient moins de trente et un ans, ce sont : Izoard, Pellissier, Dumont, Doulcet, Goudelin, Toudic, Genin, Portiez, Vidal, Guillemardet, Salmon, Audouin, Pocholle, Lecointe, Gantois, Thibaudeau. Tous ceux-là, et bien d'autres encore qu'il serait trop long d'énumérer, ne pouvaient prétendre au Conseil des Anciens.

Aux déclarations faites par les intéressés nous avons joint la mention de leur nomination à l'un ou à l'autre des nouveaux Conseils, en ajoutant l'indication de leur décès ou de leur démission, lorsque ces renseignements se trouvaient sur les listes des membres des Conseils mises à contribution. De la sorte, tandis que notre première liste de députés par départements fournit des détails sur les antécédents politiques des Conventionnels, on connaîtra, par la seconde, les noms des cinq cents membres de la grande Assemblée révolutionnaire imposés par la Constitution de l'an III aux nouveaux Conseils.

Comme tous les Conventionnels ne se trouvaient pas à Paris quand fut décrétée la loi du 5 fructidor, on laissa un délai de plusieurs jours aux absents pour envoyer leur déclaration; parfois elle fut faite par ceux de leurs collègues qui étaient le mieux au courant de leur état civil. C'est ainsi que nous possédons les noms de tous les députés faisant partie de la Convention à la fin de l'an III, sauf deux, un des Hautes-Alpes et un de la Somme. Aucun des tableaux où fut résumé le résultat général de ces déclarations ne donne les noms de ces députés.

La comparaison des listes départementales de députés en 1792 et en 1795 suggérerait plus d'une observation. Notons d'abord que le nombre total des Conventionnels, à la date du 5 fructidor an III, est de 703. En septembre 1792, il s'élevait à 780 députés et 300 suppléants environ. La représentation de la plupart des départements a subi des modifications notables. Toutefois, il en est quelques-uns dont la députation se retrouve intacte lors de la dissolution de l'Assemblée. Ce sont les départements des Alpes-Maritimes, de l'Ardèche, de l'Aude, du Cher, du Doubs, du Finistère, de l'Ille-et-Vilaine, du Jura, de la Lozère, du Mont-Blanc, du Mont-Terrible, du Haut-Rhin, de Seine-et-Marne, de la Haute-Saône, et les colonies de la Guyane et de l'Ile-de-France. On verra un peu plus loin que le Finistère, l'Ille-et-Vilaine, le Mont-Blanc, le Haut-Rhin et Seine-et-Marne ont non seulement conservé tous leurs députés de 1792, mais possèdent en 1795 un ou deux représentants de plus que le chiffre règlementaire du début.

Dans certains départements, le nombre des députés n'a pas varié; mais un ou plusieurs suppléants ont été appelés à combler les vides. Parmi les régions le plus éprouvées, se trouve en première ligne Paris qui de vingt-quatre députés et douze suppléants n'a conservé que douze députés. Les Bouches-du-Rhône et la Gironde ne sont plus représentées que par quatre et cinq députés au lieu de douze.

Par contre, certains départements ont vu leur représentation s'accroître, par suite de l'appel de leurs suppléants destinés à remplir les vides survenus dans d'autres circonscriptions. Ainsi, les départements dont les noms suivent comptent un député de plus en 1795 qu'en 1792 : Ardèche, Côte-d'Or, Côtes-du-Nord, Finistère, Ille-et-Vilaine, Haute-Loire, Basses-Pyrénées, Haut-Rhin, Rhône-et-Loire, Seine-et-Marne, Seine-Inférieure, Tarn.

Le Mont-Blanc, doté à l'origine de huit députés, en a dix à la fin de la Convention.

La France, en 1795, compte quatre-vingt-sept départements, — celui de Vaucluse est le dernier créé, — plus six colonies représentées par dix-huit députés. Le Tarn-et-Garonne n'existe pas encore. Sa création ne date que de l'Empire.

Pour rendre plus sensibles les différences qui existent dans la représentation des départements aux deux dates extrêmes de la Convention, nous terminerons ces observations préliminaires par un tableau comparé du nombre des députés de chaque département en septembre 1792 et en fructidor an III.

Tableau comparé du nombre des députés de chaque département, aux deux dates extrêmes de la Convention.

DÉPARTEMENTS	1792 DÉPUTÉS	1792 SUPPLÉANTS	fruct. an III. DÉPUTÉS
Ain	6	2	5
Aisne	12	4	9
Allier	7	3	6
Basses-Alpes	6	2	6
Hautes-Alpes	5	2	5
Alpes-Maritimes	3	»	3
Ardèche	7	3	8
Ardennes	8	3	8
Ariège	6	2	6
Aube	9	3	9
Aude	8	3	8
Aveyron	9	3	8
Bouches-du-Rhône	12	4	4
Calvados	13	5	13
Cantal	8	3	6
Charente	9	3	9
Charente-Inférieure	11	4	10
Cher	6	2	6
Corrèze	7	3	5
Corse	6	2	6
Côte d'Or	10	4	11
Côtes-du-Nord	8	3	9
Creuse	7	3	6
Dordogne	10	3	7
Doubs	6	2	6
Drôme	9	3	9
Eure	11	4	9
Eure-et-Loir	9	4	7
Finistère	8	3	9
Gard	8	3	7
Haute-Garonne	12	4	11
Gers	9	3	8
Gironde	12	4	5
Hérault	9	3	7
Ille-et-Vilaine	10	4	11
A reporter.	296	106	262

DÉPARTEMENTS	1792 DÉPUTÉS	1792 SUPPLÉANTS	fruct. an III. DÉPUTÉS
Report. . .	296	106	262
Indre	6	2	5
Indre-et-Loire.	8	3	8
Isère.	9	3	9
Jura.	8	3	8
Landes.	6	2	5
Loir-et-Cher.	7	3	5
Haute-Loire.	7	3	8
Loire-Inférieure.	8	3	6
Loiret	9	3	9
Lot.	10	3	9
Lot-et-Garonne	9	3	8
Lozère	5	2	5
Maine-et-Loire.	11	4	8
Manche	13	5	12
Marne.	10	4	8
Haute-Marne	7	3	6
Mayenne.	8	3	8
Meurthe.	8	3	8
Meuse.	8	3	8
Mont-Blanc.	8	3	10
Mont-Terrible.	2	1	2
Morbihan.	8	3	8
Moselle	8	3	6
Nièvre.	7	3	5
Nord.	12	4	11
Oise	12	4	11
Orne.	10	6	19
Paris.	24	8	12
Pas-de-Calais	11	4	19
Puy-de-Dôme.	12	4	9
Basses-Pyrénées.	6	2	7
Hautes-Pyrénées.	6	2	5
Pyrénées-Orientales.	5	2	5
Bas-Rhin.	9	3	8
A reporter. . .	593	216	524

DÉPARTEMENTS	1792 DÉPUTÉS	1792 SUPPLÉANTS	fruct. an III. DÉPUTÉS
Report. . .	593	216	524
Haut-Rhin.	7	3	8
Rhône-et-Loire.	15	5	16
Haute-Saône.	7	3	7
Saône-et-Loire.	11	6	10
Sarthe.	10	4	9
Seine-et-Marne	11	11	12
Seine-et-Oise	14	6	12
Seine-Inférieure.	16	6	17
Deux-Sèvres.	7	3	7
Somme.	15	4	13
Tarn.	9	3	10
Var.	8	3	5
Vaucluse.	»	»	2
Vendée.	9	3	8
Vienne.	8	3	7
Haute-Vienne.	7	3	7
Vosges.	8	3	8
Yonne.	9	3	7
COLONIES			
Guyane.	1	1	1
Ile de France	2	»	2
Martinique.	3	2	2
Guadeloupe	4	2	2
Ile de la Réunion	2	2	1
Saint-Domingue.	6	3	6
Total général (1).	782	298	703

Nous avons pensé que les renseignements fournis ici sur la composition de l'Assemblée seraient utilement

(1) Le total des Conventionnels ne devrait s'élever qu'à 780. Mais deux des élus de la Somme ayant été révoqués par le corps électoral lui-même, puis maintenus par un vote de la Convention, le nombre des députés se trouva ainsi porté à 782.

complétés par la liste des présidents et des secrétaires de la Convention, car cette liste ne se trouve, croyons-nous, nulle part.

Le bureau était ordinairement élu le 1er et le 15 de chaque mois, à la séance du soir. Parfois, l'élection a été retardée de deux ou trois jours. Une seule fois, le 21 septembre 1792, un vice-président fut nommé, ce fut Condorcet.

Ordinairement, le président en fonctions était suppléé, s'il venait à s'absenter, par un de ses prédécesseurs. Il est telle séance, celle du 31 mai 1793 par exemple, où on vit le fauteuil occupé successivement par quatre présidents différents, et encore le procès-verbal de cette longue séance n'est-il signé d'aucun des présidents qui dirigèrent les débats, mais de Robespierre aîné.

Bien souvent, le nom du président est passé sous silence dans le compte rendu imprimé de la séance. Comme nombre de procès-verbaux n'avaient pas reçu en temps opportun les signatures des membres du bureau en exercice, la Convention pourvut à cette irrégularité par différents décrets en date du 29 prairial an II (p. 363), du 7 floréal an III (p. 96), et du 3 fructidor an III (p. 29), dont on trouvera le texte ci-après.

L'élection des secrétaires avait lieu dans la même séance que celle du président, le 1er et le 15 de chaque mois. Les secrétaires, au nombre de six, sont nommés pour un mois et renouvelés par moitié ; ainsi les nouveaux élus trouvent toujours trois de leurs collègues en fonctions depuis une quinzaine et restant avec eux pendant le même espace de temps, en sorte que ce service ne subit aucune interruption.

On pourrait relever toutefois, surtout vers la fin de l'Assemblée, de nombreuses dérogations à la règle habituelle. On ne connaîtra donc avec certitude le nom des secrétaires qui ont signé un procès-verbal, qu'en consultant le compte rendu imprimé de la séance.

L'assemblée élut rarement des secrétaires suppléants. Comme ces derniers ne devenaient pas secrétaires de droit, ils sont parfois réélus comme suppléants deux ou trois fois de suite (Voy. les mois de *messidor* et *thermidor* an II).

PRÉSIDENTS DE LA CONVENTION :

1792. 20 septembre : Rühl, doyen d'âge.
— — : Petion, président élu.
— 21 septembre : Condorcet, vice-président.
— 4 octobre : Delacroix.
— 18 octobre : Guadet.
— 1er novembre : Hérault-Séchelles.
— 15 novembre : Grégoire.
— 29 novembre : Barere.
— 13 décembre : Defermon.
— 27 décembre : Treilhard.
1793. 10 janvier : Vergniaud.
— 24 janvier : Rabaut (de Saint-Étienne).
— 7 février : Bréard.
— 21 février : Dubois de Crancé.
— 7 mars : Gensonné.
— 21 mars : Jean De Bry.
— 4 avril : Delmas.
— 18 avril : Lasource.
— 2 mai : Boyer Fonfrède.
— 16 mai : Isnard.
— 30 mai : Mallarmé (1).
— 13 juin : Collot d'Herbois.
— 27 juin : Thuriot.
— 11 juillet : Jeanbon Saint-André.

(1) La séance du 31 mai vit quatre présidents occuper successivement le fauteuil : d'abord Defermon, ex-président, bientôt remplacé par Mallarmé, élu la veille. Au milieu de la séance, Grégoire, ex-président, occupe le fauteuil ; puis Mallarmé vient reprendre son poste. Le procès-verbal imprimé est signé : Robespierre, *président* ; Guillemardet, Amar, Léonard Bourdon, D. V. Ramel, S. P. Lejeune, Lakanal, *secrétaires*. Or, aucun des signataires ne siégeait au bureau ce jour-là.

1793. 25 juillet : Danton.
— 8 août : Hérault-Séchelles.
— 22 août : Robespierre aîné.
— 5 septembre : Billaud-Varenne.
— 19 septembre : Cambon.
— 3 octobre : Charlier.
An II. 1er brumaire : Moyse Bayle.
— 16 brumaire : Laloy.
— 1er frimaire : Romme.
— 16 frimaire : Voulland.
— 1er nivôse : Couthon.
— 16 nivôse : David.
— 1er pluviôse : Vadier.
— 16 pluviôse : Dubarran.
— 1er ventôse : Saint-Just.
— 16 ventôse : Rühl.
— 1er germinal : Tallien.
— 16 germinal : Amar.
— 1er floréal : Robert Lindet.
— 16 floréal : Carnot.
— 1er prairial : Prieur (de la Côte-d'Or).
— 16 prairial : Robespierre aîné.
— 1er messidor : Elie Lacoste.
— 17 messidor : Louis (du Bas-Rhin).
— 1er thermidor : Collot d'Herbois.
— 16 thermidor : Merlin (de Douai).
— 1er fructidor : Merlin (de Thionville).
— 15 fructidor : Bernard (de Saintes).
An III. 1er vendémiaire : André Dumont.
— 16 vendémiaire : Cambacerès.
— 1er brumaire : Prieur (de la Marne).
— 16 brumaire : Legendre (de Paris).
— 4 frimaire : Clauzel.
— 16 frimaire : Reubell.
— 1er nivôse : Bentabole.
— 17 nivôse : Le Tourneur (de la Manche).
— 1er pluviôse : Rovere.
— 16 pluviôse : Barras.
— 1er ventôse : Bourdon (de l'Oise).

An III 16 ventôse : Thibaudeau.
— 4 germinal : Pelet.
— 16 germinal : Boissy d'Anglas.
— 1er floréal : Sieyes (il refuse ; on passe à l'ordre du jour).
— 16 floréal : Vernier.
— 7 prairial : Mathieu.
— 16 prairial : Lanjuinais.
— 1er messidor : J.-B. Louvet.
— 16 messidor : Doulcet de Pontécoulant.
— 1er thermidor : Revelliere-Lépeaux.
— 16 thermidor : Daunou.
— 2 fructidor : Chenier (Marie-Joseph).
— 16 fructidor : Berlier.
An IV 1er vendémiaire : Baudin des (Ardennes).
— 16 vendémiaire : Genissieu (1) qui reste en fonctions jusqu'au 4 brumaire.

LISTE DES SECRÉTAIRES DE LA CONVENTION

1792.

20 *septembre :*

Penières, Tallien, } secrétaires d'âge.
Condorcet,
Brissot,
Rabaut,
Lasource,
Vergniaud,
Camus.

21 *septembre :*

Chasset.

4 *octobre :*

Buzot,
Guadet,
Sieyes.

18 *octobre :*

Barbaroux,
Danton,
Gensonné,
Kersaint.

24 *octobre :*

Lanjuinais.

1er *novembre :*

Grégoire,
Barere,
Jean De Bry.

15 *novembre :*

Lepeletier,
Mailhe,
Defermon,
Carra.

(1) Seuls, Hérault-Séchelles, Robespierre et Collot d'Herbois avaient été élus deux fois présidents.

29 *novembre :*

Treilhard,
Saint-Just,
Jeanbon Saint-André.

13 *décembre :*

Creuzé-Latouche,
Osselin,
J.-B. Louvet.

27 *décembre :*

Manuel,
Salle,
Dufriche-Valazé.

1793.

10 *janvier :*

Bancal,
Lesage,
Gorsas.

24 *janvier :*

Breard,
Cambacerès,
Thuriot.

Suppléants :

Lecointe-Puyraveau,
Choudieu,
Garran de Coulon.

7 *février :*

Prieur de la Marne,
Lamarque,
Choudieu,
Lecointe-Puyraveau.

Suppléants :

Boyer Fonfrède,
Dubois de Crancé,
Grangeneuve.

21 *février :*

Julien (de Toulouse),
Mallarmé,
Charlier.

7 *mars :*

Isnard,
Guyton-Morveau,
Grangeneuve.

21 *mars :*

Garran de Coulon,
Boyer Fonfrède,
Revelliere-Lépeaux.

4 *avril :*

Cambon,
Romme,
Mellinet.

18 *avril :*

Doulcet de Pontécoulant,
Lehardi,
Chambon.

2 *mai :*

Genissieu,
Masuyer,
Pénières.

16 *mai :*

Poullain-Grandprey,
Fauchet,
Duprat.

30 *mai :*

Ducos,
Durand-Maillane,
Méaulle.

13 *juin :*

Charles Delacroix,

Gossuin,
Laloy jeune.

27 *juin :*

Lindet,
Billaud-Varenne,
Levasseur (de la Sarthe).

11 *juillet :*

Rühl,
Jullien (de la Drôme),
Dupuy.

12 *juillet :*

François Chabot.

25 *juillet :*

Dartigoeyte,
David,
Thirion,
Audouin.

8 *août :*

Fayau,
Léonard Bourdon,
Amar.

22 *août :*

Merlin (de Douai),
Lavicomterie,
Lakanal.

23 *août :*

Duhem signe à la place de Lavicomterie.

5 *septembre :*

Ramel,
Lejeune,
Garnier (de Saintes).

19 *septembre :*

Voulland,
Louis,
Pons (de Verdun),
Jagot.

3 *octobre* (1) :

Ramel,
Lejeune,
Voulland,
Pons,
Jagot,
Louis.

An II.

1er *brumaire :*

Basire,
Fourcroy,
Duval.

16 *brumaire :*

Philippeaux,
Granet,
Frecine.

1er *frimaire :*

Roger Ducos,
Richard,
Reverchon,
Merlin de Thionville (en place de Granet).

16 *frimaire :*

Bourdon (de l'Oise),
Chaudron-Roussau,
Chénier (M.-J.).

1er *nivôse :*

Thibaudeau,

(1) Les six secrétaires nommés le 3 octobre sont continués jusqu'à l'élection suivante. Les trois derniers restent en fonctions après le 1er brumaire.

Jay,
Perrin (des Vosges),
Pellissier (en place de Chaudron-Roussau).

16 *nivôse :*

Clauzel,
Monmayou,
Bouquier.

1er *pluviôse :*

Goupilleau (de Montaigu),
Bassal,
Eschasseriaux.

16 *pluviôse :*

Lacoste (Elie),
Mathieu,
Berlier.

1er *ventôse :*

Cochon,
Oudot,
Bellegarde.

16 *ventôse :*

Tallien,
Bezard,
Monnel.

1er *germinal :*

Leyris,
Peyssard,
Charles Pottier,
Baudot.

16 *germinal :*

Ruelle,
Monnot.

1er *floréal :*

Pocholle,
Haussmann,
Dornier.

16 *floréal :*

Isoré,
Bernard (de Saintes),
Paganel.

1er *prairial :*

Francastel,
Carrier,
Lesage Senault.

16 *prairial* (1) :

Michaud,
Briez,
Cambacerès.

1er *messidor :*

Turreau,
Lacombe Saint-Michel,
Bordas.

Suppléants :

Merlino,
Cordier,
Besson.

(1) Dans la séance du 26 prairial an II (p. 363), sur la proposition du Comité des décrets et procès-verbaux, la Convention décréta que le bureau nommerait « un des anciens présidents et quatre des anciens secrétaires pour « signer les expéditions des procès-verbaux qui doivent être déposées aux « Archives ou livrées à l'impression, en remplacement des présidents et « secrétaires morts ou absents. »

Le bureau désigna : Laloy, *président*; Monnel, Duhem, Frécine, Eschassériaux l'aîné, *secrétaires*.

17 *messidor :*

Robespierre jeune,
André Dumont,
Legendre.

Suppléants :

Brival,
Cordier,
Bar.

1er *thermidor :*

Le Vasseur (de la Meurthe),
Bar,
Portiez.

Suppléants :

Cordier,
Artauld-Blanval,
Monestier.

16 *thermidor :*

Barras,
Fréron,
Collombel (de la Meurthe).

Suppléants :

Feraud,
Cordier,
Artauld-Blanval.

1er *fructidor :*

Lecointre,
Bentabole,
Guffroy.

16 *fructidor :*

Cordier,
Borie,
Louchet,
Reynaud.

An III

1er *vendémiaire :*

Pelet (de la Lozère),
La Porte,
Lozeau.

Suppléants :

Plet-Beauprey,
Guyomar.

16 *vendémiaire :*

Eschasseriaux jeune,
Boissy d'Anglas,
Guyomar.

1er *brumaire :*

Guimberteau,
Goujon,
Crassous.

Suppléants :

Merlino,
Johannot.

16 *brumaire :*

Thirion,
Duval (de l'Aube),
Merlino.

4 *frimaire :*

Porcher,
Boudin,
Rovere.

16 *frimaire :*

Girot-Pouzol,
Le Tourneur (Manche),
Dubois du Bais.

1er *nivôse :*

Boucher (Sauveur),
Chiappe,
Daunou.

17 *nivôse :*

Auguis,

Borel,
Dumont (du Calvados).

1er *pluviôse :*

Talot,
Bouret,
Mercier.

16 *pluviôse :*

Laurence,
Ysabeau,
Bion.

1er *ventôse :*

Pémartin,
Dupuis (de Seine-et-Oise),
Rabaut-Pomier.

4 *germinal :*

Revelliere-Lépeaux,
Serre,
Balmain.

16 *germinal :*

Saladin,
Lanthenas,
Bailleul.

1er *floréal* (1) :

Thibault,
Himbert,
Bernard Saint-Affrique,
Louvet (2),
Pierret.

16 *floréal :*

Perés,
Saint-Martin,
Mollevaut.

7 *prairial :*

Gamon,
Henry-Lariviere.

16 *prairial :*

Bailly,
Marragon,
Saint-Martin Valogne.

1er *messidor :*

Delecloy,
Mariette,
Mazade.

16 *messidor :*

Sallengros,
Villar,
Villers.

1er *thermidor :*

Lemoyne,
Leclerc,
Savary.

(1) Au procès-verbal du 7 floréal an II (p. 96) se trouve la note suivante : « Sur la proposition d'un membre du Comité des décrets, procès-« verbaux et archives, la Convention décrète qu'il sera nommé un des ex-« présidents et quatre des ex-secrétaires, à l'effet de signer les procès-« verbaux qui n'ont pu l'être par les présidents et secrétaires, pour cause « de mort ou d'absence.

« En conséquence, la Convention décrète que Laloy, *ex-président ;* Bal-« main, Blad, Serre et Guillemardet, *ex-secrétaires,* se réuniront pour « signer lesdits procès-verbaux. »

(2) Louvet et Pierret étaient probablement suppléants. Le procès-verbal ne le dit pas explicitement.

16 *thermidor :*

Dentzel,
Quirot,
Laurenceot.

16 *fructidor* (1) :

Gourdan,
Garrau,
Poisson.

An IV.

1er *vendémiaire :*

Delleville,
Delaunay (d'Angers),
Auger.

16 *vendémiaire :*

Pons (de Verdun),
Villetard,
Gleizal.

A partir du 4 fructidor an III, les procès-verbaux imprimés portent presque constamment les signatures de Mollevaut, J. Poisson, Villers et Bailly. C'est probablement en exécution du décret rendu le 3 fructidor an III (p. 29 du procès-verbal imprimé), dont voici le texte :

« La Convention nationale, après avoir entendu le rapport du « comité des décrets, procès-verbaux et archives, décrète que les « présidents et secrétaires de la Convention nationale en exercice sont autorisés à signer les procès-verbaux des séances en « retard et ceux à l'avenir, au lieu des présidents et secrétaires « morts, ou absents des séances de la Convention par congé, « mission ou autrement, à qui appartenait la signature. »

(1) Le procès-verbal de la séance du soir du 2 fructidor, au cours de laquelle Chénier fut élu président, ne mentionne pas les noms des secrétaires élus en cette séance.

LISTE

DES

DÉPUTÉS A LA CONVENTION

PAR DÉPARTEMENTS

Cette liste présente l'état de la représentation de chaque département au moment précis de la clôture des opérations électorales. Ainsi, les députés élus, mais ayant donné leur démission avant la clôture des opérations, n'y figurent pas; seulement, leur nom, leur rang et, s'il y a lieu, le motif de leur retraite sont mentionnés dans une note. Par contre, les députés informés tardivement de leur élection et n'ayant envoyé leur démission ou n'ayant opté pour un autre siège qu'après la séparation du collège électoral devaient prendre place sur la liste des élus du département qu'ils n'ont cependant jamais représenté à la Convention.

Cette liste départementale offre donc le résultat complet et définitif des élections.

On a joint au nom de chaque député l'indication de ses prénoms, de ses fonctions publiques ou de sa profession, lors de son élection. Ces renseignements sont empruntés presque toujours aux procès-verbaux électoraux eux-mêmes ou à des documents officiels. On a cherché à combler les lacunes, pour les prénoms, à l'aide des publications récentes les plus dignes de confiance. Encore reste-t-il un certain nombre de suppléants obscurs dont les noms de baptême n'ont pu être découverts.

Enfin, on a signalé par les abréviations *Const.*, *Lég.*, les députés de la Convention qui avaient fait partie à un titre quelconque des assemblées antérieures.

On a ajouté au nom de famille de quelques députés, en les plaçant entre crochets [ ], certaines dénominations qui ne sont pas toujours jointes aux signatures officielles, mais qui se rencontrent souvent dans les pièces contemporaines et peuvent aider à distinguer celui qui les porte de ses homonymes. Ainsi Chambon [Latour] du Gard signe : Chambon ; Ducos [aîné] des Landes signe : Ducos ; tandis que Lacaze et Bergoeing, de la Gironde, signent : Lacaze fils aîné et Bergoeing aîné. Quand l'indication *aîné* ou *jeune* accompagne la signature du député sur le registre d'inscription des Archives qui a servi de type, on n'a pas séparé cette mention du nom par des crochets.

Les noms précédés d'une étoile sont ceux des députés ou des suppléants qui n'ont pas siégé.

AIN.

6 députés :

1. DEYDIER (Étienne), notaire à Pont-de-Vaux et géomètre feudiste. — *Lég.*
2. GAUTHIER (Antoine-François), procureur général syndic du département. — *Const.*
3. ROYER (Jean-Baptiste), évêque du département. — *Const.*
4. JAGOT (Grégoire-Marie), juge de paix à Nantua. — *Lég.*
5. MOLLET (Jean-Luc-Anthelme), homme de loi.
6. MERLINO (Jean-Marie-François), homme de loi, juge au tribunal de Trévoux.

2 suppléants :

1. FERRAND (Anthelme), juge au tribunal d'Ambérieux.

* 2. BLANC (Claude), juge au tribunal de Trévoux.

AISNE.

12 députés :

1. QUINETTE (Nicolas-Marie), administrateur du département. — *Lég.*
2. DE BRY (Jean-Antoine-Joseph), administrateur du département. — *Lég.*
3. BEFFROY (Louis-Étienne), administrateur du département. — *Supp. à la Lég.*
4. PAINE (Thomas). — Opte pour le Pas-de-Calais.
5. SAINT-JUST (Antoine-Louis-Léon DE).
6. BELIN (Jean-François), cultivateur. — *Lég.*
7. PETIT (Michel-Edme).

8. CONDORCET (Marie-Jean-Antoine-Nicolas). — *Lég.* (*Paris*).
9. FIQUET (Jean-Jacques), procureur syndic de Soissons. — *Lég.*
10. LE CARLIER (Marie-Jean-François-Philbert), président du district de Chauny. — *Const.*
11. LOYSEL (Pierre), vice-président du département. — *Lég.*
12. DUPIN jeune (André), ex-employé dans les Fermes.

4 suppléants :

1. POTTOFEUX (Polycarpe), procureur général syndic du département.
2. BOUCHEREAU (Augustin-François).
* 3. FOUQUIER [D'HEROUEL] (Pierre-Éloy), ex-fourrier des logis du Roi. — *Const.*
4. DORMAY (Pierre-Joachim), administrateur du district de Vervins.

ALLIER [1].

7 députés :

* 1. VERNIN (Pierre-Joseph), président du tribunal criminel.
2. CHEVALIER (Gilbert), juge au tribunal du district de Montluçon.
3. MARTEL (Pourçain), notaire et juge de paix à Saint-Pourçain.
4. PETITJEAN (Claude-Lazare), notaire à Bourbon, membre du directoire du département.
5. FORESTIER (Pierre-Jacques), procureur syndic du district de Cusset.
6. BEAUCHAMP (Joseph), juge au tribunal du district de Donjon.
7. GIRAUD (Pierre-François-Félix-Joseph), administrateur du district de Montmarault.

[1] Vernin accepte d'abord le mandat et ne donne sa démission qu'après la clôture des opérations électorales. Le nombre des suppléants n'était alors que de trois. Ce n'est qu'après l'appel de Vidalin en remplacement de Vernin démissionnaire, qu'on dut procéder à l'élection d'un nouveau suppléant, Dubarry, qui ne figurait pas d'abord sur la liste; ainsi, le nombre des suppléants ne dépassa jamais le chiffre réglementaire.

3 suppléants :

1. VIDALIN (Étienne), imprimeur à Moulins, administrateur du district; président du tribunal du commerce.
2. DELEAGE (Jean-Joseph), administrateur du département.
3. CHABOT (Georges-Antoine), procureur syndic du district de Montluçon.
* DUBARRY (Sébastien).

ALPES (BASSES-).

6 députés :

1. VERDOLLIN (Jacques), avocat, procureur général syndic du département. — *Const.*
2. RÉGUIS (Claude-Louis), procureur syndic de Sisteron.
3. DHERBEZ LATOUR (Pierre-Jacques). — *Lég.*
4. MAISSE (Marius-Félix), procureur syndic de Forcalquier.
5. PEYRE (Louis-François), administrateur du département.
6. SAVORNIN (Marc-Antoine), avoué.

2 suppléants :

1. BOURET (Henry-Gaspard-Charles).
* 2. POILROUX (Jean-Antoine), médecin.

ALPES (HAUTES-).

5 députés :

1. BARETY (Pierre), procureur syndic de Serres.
2. BOREL (Hyacinthe-Marcelin), procureur syndic de Briançon.
3. IZOARD (Jean-François-Auguste), procureur syndic d'Embrun. — *Supp. à la Lég.*
4. SERRE (Joseph), capitaine au 2e bataillon des volontaires des Hautes-Alpes.
5. CAZENEUVE (Ignace-G. DE), évêque du département.

2 suppléants :

* 1. CHAUVET (Antoine), notaire à Monjai.
* 2. MOTTE (.....), notaire à Saint-Bonnet.

ALPES-MARITIMES [1].

3 députés :

1. DABRAY [DOUBLET] (Joseph-Séraphin).
2. BLANQUI (Jean-Dominique).
3. MASSA (Ruffin).

1 suppléant :

* CLERISSY (Bernardin), chirurgien-major au 1er bataillon des Alpes-Maritimes, à l'armée des Pyrénées-Orientales.

ARDÈCHE.

7 députés :

1. BOISSY [D'ANGLAS] (François-Antoine), procureur général syndic du département. — *Const.*
2. SAINT-PRIX (Hector Soubeyran DE), administrateur du département. — *Lég.*
3. GAMON (François-Joseph), homme de loi. — *Lég.*
4. SAINT-MARTIN (François-Jérôme RIFFARD), homme de loi, président du tribunal criminel du département.
5. GARILHE (François-Clément-Privat), juge au tribunal de Largentière.
6. GLEIZAL (Claude), administrateur du département.
7. CORENFUSTIER (Simon-Joseph), juge de paix des Vans.

[1] La réunion du comté de Nice à la France et la formation du département des Alpes-Maritimes datent du 31 janvier 1793. Le procès-verbal des élections n'est pas aux Archives; mais un rapport sur ces opérations électorales fut présenté à la Convention par le Comité de Division le 23 mai 1793 (voyez p. 122 du procès-verbal imprimé).

3 suppléants :

1. THOULOUZE (Jean-Joseph), administrateur du district de La Tanargue.
* 2. CHOMEL (L.-T.), commissaire du roi au tribunal du district de Mezenc.
* 3. MAMAROT (......), juge de paix de Villeneuve-de-Berg.

ARDENNES[1].

8 députés :

1. DUBOIS DE CRANCÉ (Edmond-Louis-Alexis), adjudant général de l'armée du Midi. — *Const.*
2. FERRY (Claude-Joseph), professeur de mathématiques à l'école du génie de Mézières.
3. MENNESSON (Jean-Baptiste-Augustin), administrateur du directoire du district de Rethel.
* 4. RAUX (Basile-Joseph), maître de forges. — *Const. (Reims).*
5. VERMON (Alexis-Joseph), tanneur à Mézières.
6. ROBERT (Michel).
7. BAUDIN (Pierre-Charles-Louis), maire de Sedan. — *Lég.*
8. THIERRIET (Claude), chirurgien.

4 suppléants :

1. BLONDEL (Jacques).
2. PIETTE (Jean-Baptiste), juge de paix à Rumigny.
* 3. MACQUART (Moutain-Louis), juge de paix à Saint-Jean-aux-Bois.
* 4. HAGUETTE (Antoine).

[1] François Chardron, nommé sixième député par l'assemblée électorale, est de suite remplacé, comme député, avant la nomination des suppléants, par Thierriet. Haguette, porté comme troisième suppléant au registre d'inscription, ne figure pas dans le procès-verbal d'élection où le troisième et dernier suppléant est Macquart. Raux paraît n'avoir pas siégé et avoir été remplacé dès le début par Blondel. Il est à remarquer que dans les votes du procès de Louis XVI, Blondel figure toujours en tête des députés des Ardennes, comme dans toutes les listes imprimées contemporaines.

ARIÈGE.

6 députés :

1. VADIER (Marc-Guillaume-Alexis), juge au tribunal de Mirepoix. — *Const.*
2. CLAUZEL (Jean-Baptiste), maire de Lavenalet. — *Lég.*
3. CAMPMARTIN (Pierre), apothicaire, maire de Saint-Girons.
4. ESPERT (Jean), procureur syndic de Mirepoix. — *Suppl. à la Lég.*
5. LAKANAL (Joseph), vicaire de l'évêque de Pamiers.
6. GASTON (Reymond), juge de paix de Foix. — *Lég.*

2 suppléants :

1. BORDES (Paul-Joseph), juge de paix de Rimont.

* 2. BABY (Jean-François), procureur syndic de Tarascon.

AUBE.

9 députés :

1. COURTOIS (Edme-Bonaventure), receveur du district d'Arcis-sur-Aube. — *Lég.*
2. ROBIN (Louis-Antonin), marchand à Nogent-sur-Seine.— *Lég.*
3. PERRIN (Pierre-Nicolas), maire de Troyes. — *Lég.*
4. DUVAL (Claude), juge au tribunal de Bar-sur-Seine.
5. BONNEMAIN (Jean-Thomas), juge au tribunal d'Ervy.
6. PIERRET (Joseph-Nicolas), administrateur du directoire de Bar-sur-Aube.
7. DOUGE (Jean-Claude), administrateur du département et propriétaire.
8. GARNIER (Antoine-Marie-Charles), procureur de la commune de Troyes.
9. RABAUT [DE SAINT-ÉTIENNE] (Jean-Paul). — *Const.* (*Nîmes et Beaucaire.*)

3 suppléants :

* 1. JEANNET-OUDIN (Louis-François), maire d'Arcis.

2. LUDOT (Antoine-Nicolas), homme de loi, à Arcis.
3. DAVID-DELISLE (Alexandre-Edme), juge du tribunal de Nogent-sur-Seine.

AUDE[1].

8 députés :

1. AZEMA (Michel), homme de loi, administrateur du département. — *Lég.*
2. BONNET (Pierre-François-Dominique), maire de Limoux. — *Const.*
3. RAMEL [NOGARET] (Dominique-Vincent), président du tribunal de Carcassonne. — *Const.*
4. TOURNIER (Jean-Laurent-Germain), propriétaire à Saint-Papoul.
5. MARRAGON (Jean-Baptiste), membre du conseil du département.
6. MORIN (François-Antoine), homme de loi à Saint-Nazaire. — *Const.*
7. PERIES cadet (Jacques), procureur syndic du district de Castelnaudary.
8. GIRARD (Antoine-Marie-Anne), propriétaire à Narbonne.

3 suppléants :

* 1. ROQUELORY (Benazet), ancien militaire.
* 2. CUGUILLIÈRE (.....), électeur.
* 3. SABARTHÈS (.....), homme de loi, administrateur du département.

AVEYRON.

9 députés :

1. BO (Jean-Baptiste-Jérôme), médecin. — *Lég.*
2. SAINT-MARTIN-VALOGNE (Charles), maire de Milhau.

[1] Cayrol avait été nommé cinquième député; mais il donne sa démission et est remplacé par Girard, nommé par l'assemblée électorale avant sa séparation.

3. LOBINHES (Louis), maire de Villefranche.
4. BERNARD [DE SAINT-AFFRIQUE] (Louis), ministre protestant.
5. CAMBOULAS (Simon), négociant à Saint-Geniès.
6. SECOND (Jean-Louis), homme de loi à Rhodez.
7. LACOMBE (Joseph-Henri), juge de paix de Saint-Antonin.
8. LOUCHET (Louis), professeur à Rhodez, administrateur du département.
9. YZARN dit VALADY (Jacques-Godefroi-Charles-Sébastien-Jean-Joseph), ex-officier aux gardes françaises.

3 suppléants :

1. ROUS (Jean-Pierre-Félix), juge au tribunal de Rhodez.
* 2. SALESSES (Antoine), administrateur du district de Villefranche.
* 3. CARRIÉ (....), électeur.

BOUCHES-DU-RHONE.

12 députés :

* 1. MOURRAILLE (Jean-Baptiste), maire de Marseille.
2. DUPRAT (Jean), maire d'Avignon.
3. REBECQUY (François-Trophime), commissaire pour l'organisation des districts.
4. BARBAROUX (Charles-Jean-Marie), homme de loi.
5. GRANET (François-Omer), administrateur du département. — *Lég.*
6. DURAND MAILLANE (Pierre-Toussaint), homme de loi. — *Const.*
7. GASPARIN (Thomas-Augustin DE), capitaine d'infanterie, commissaire à l'armée du Midi. — *Lég.*
8. BAYLE (Moyse), procureur général syndic provisoire du département.
9. BAILLE (Pierre-Marie), membre du directoire du département.
10. ROVERE (Joseph-Stanislas-François-Xavier-Alexis), ancien officier [1].

[1] Rovere représenta le département de Vaucluse, avec Olivier-Gérente, lors de sa formation.

11. Lauze Deperret (Claude-Romain). — *Lég.*
12. Carra (Jean-Louis). — Opte pour Saône-et-Loire.

4 suppléants [1] :

1. Dubois de Crancé (Edmond-Louis-Alexis). — Voir Ardennes.
2. Pellissier (Denis-Marie), médecin à Saint-Remi. — *Suppl. à la Lég.*
3. Laurens (Bernard), électeur de Marseille.
4. Minvielle aîné (Pierre), électeur d'Avignon.

Bernard (Marc-Antoine).
Leblanc [de Serval] (Jean-Baptiste-Benoît).

CALVADOS.

13 députés :

1. Fauchet (Claude), évêque du département. — *Lég.*
2. Dubois du Bais (Louis-Thibault). — *Lég.*
3. Lomont (Claude-Jean-Baptiste), administrateur du département. — *Lég.*
4. Larivière (Pierre-François-Joachim-Henry [2]), homme de loi à Falaise. — *Lég.*
5. Bonnet (Pierre-Louis), maire de Caen. — *Lég.*
6. Vardon (Louis-Alexandre-Jacques), administrateur du département. — *Lég.*
7. Doulcet [de Pontécoulant] (Louis-Gustave), président du département.
8. Taveau (Louis-Jacques), administrateur du département.
9. Jouenne [Lonchamp] (Thomas-François-Ambroise [3]), officier municipal à Lisieux.

[1] Mourraille avait d'abord accepté le mandat, et Carra n'opta pour Saône-et-Loire qu'après la clôture des opérations électorales. Mourraille donna sa démission peu après les élections; par suite, deux suppléants, Pellissier et Laurens étant entrés à la Convention dès le début, on élut deux nouveaux suppléants, Bernard et Leblanc, qui ne figurent pas sur le procès-verbal de la première élection faite en septembre.

[2] Il signe Henry-Larivière. Henry n'est qu'un nom de baptême, que l'usage a incorporé au nom de famille, comme dans le cas d'Olivier-Gérente.

[3] Sur certaines listes, il est appelé simplement Lonchamp.

10. DUMONT (Louis-Philippe), membre du directoire du département.
11. CUSSY (Gabriel DE), ancien directeur de la monnaie de Caen. — *Const.*
12. LEGOT (Alexandre), chef de légion à Falaise.
13. DELLEVILLE (Jean-François-Philippe), président du tribunal de Bayeux.

5 suppléants :

1. CHATRY aîné (Pierre-Jacques-Samuel).
2. COSNARD (Pierre).
3. LEMOINE (Joachim-Thadée-Louis).
* 4. LOMONT (François), juge de paix du canton de Hottot.
* 5. BLASCHER (Charles-François), maire de Falaise.

CANTAL.

8 députés :

1. THIBAULT (Anne-Alexandre-Marie), évêque du département. — *Const.* (*Nemours*).
2. MILHAUD (Jean-Baptiste), commandant de la garde nationale d'Arpajon.
3. MÉJANSAC (Jacques), procureur général syndic du département.
4. LACOSTE (Jean-Baptiste), juge de paix à Mauriac.
5. CARRIER (Jean-Baptiste), homme de loi.
* 6. MALHES (Joseph), juge au tribunal de Salers.
7. CHABANON (Antoine-Dominique), maire de Murat.
8. PEUVERGUE (Guillaume), négociant à Allanche.

3 suppléants :

1. MALHES (Pierre), négociant.
2. BERTRAND (Antoine-Pierre), secrétaire général du département. — *Const.*
3. MIRANDE (Nicolas), juge au tribunal de Mauriac.

CHARENTE[1].

9 députés :

1. Bellegarde (Antoine-Dubois de), commandant la garde nationale d'Angoulême. — *Lég.*
2. Guimberteau (Jean), juge au tribunal d'Angoulême. — *Lég.*
3. Chazaud (Jean-François-Simon), administrateur du district de Confolens. — *Lég.*
4. Chedaneau (Augustin-Roland-Jean-André-Faustin), administrateur de l'hôpital, à Ruffec. — *Lég.*
5. Ribereau (Jean), procureur syndic de Barbezieux.
6. Devars (Jean), juge du district de Larochefoucauld.
7. Carra (Jean-Louis). — Opte pour Saône-et-Loire.
8. Brun (Jean), procureur syndic du district d'Angoulême.
9. Crevelier (Jacques).

3 suppléants :

1. Maulde (Pierre-Jacques). — *Suppl. à la Lég.*

* 2. Fasse (....).

* 3. Le Cocq (....), officier municipal à Cognac.

CHARENTE-INFÉRIEURE.

11 députés :

1. Bernard (André-Antoine), président du tribunal de Saintes. — *Lég.*
2. Breard (Jean-Jacques), président du département. — *Lég.*
3. Eschasseriaux (Joseph), administrateur du département. — *Lég.*
4. Niou (Joseph), maire de Rochefort. — *Lég.*

[1] Le neuvième député nommé par les électeurs était d'abord le citoyen Memineau qui envoie de suite son refus et est remplacé, séance tenante, par Crevelier qui venait d'être élu troisième suppléant. Ce dernier est lui-même remplacé par Le Cocq. Maulde siégea dès le début, en place de Carra optant pour Saône-et-Loire.

5. RUAMPS (Pierre-Charles), membre du directoire du département. — *Suppl. à la Const.; Lég.*
6. GARNIER [DE SAINTES] (Jacques), procureur général syndic du département.
7. DECHÉZEAUX (Pierre-Charles-Daniel-Gustave), électeur de l'île de Ré. — *Suppl. à la Lég.*
8. LOZEAU (Paul-Augustin), procureur syndic du district de Marennes. — *Suppl. à la Lég.*
9. GIRAUD (Marc-Antoine-Alexis), juge de paix de La Rochelle.
10. VINET (Pierre-Étienne), électeur de Saint-Ciers.
11. DAUTRICHE (Jacques-Sébastien), juge au tribunal de Saint-Jean-d'Angely.

4 suppléants :

1. ESCHASSERIAUX (René), médecin, procureur général syndic du département. — *Suppl. à la Lég.*
2. DESGRAVES (Georges), négociant à Saint-Pierre d'Oloron. — *Suppl. à la Lég.*
3. CRASSOUS [DE MEDEUIL] (Jean-Augustin), électeur à La Rochelle. — Voir Martinique.

* 4. GUÉRIN (Henri-Paul), juge de paix à Aunay.

CHER[1].

6 députés :

* 1. TORNÉ (Pierre-Anastase), évêque du département. — *Lég.*
2. ALLASŒUR (René), juge au tribunal de Sancoins.
3. FOUCHER (Jacques), administrateur du département. — *Lég.*
4. BAUCHETON (François), avocat. — *Const.*
5. FAUVRE-LABRUNERIE (Charles-Benoît), administrateur du département.
6. DUGENNE (Élie-François), chirurgien.

[1] Lamerville, président de l'assemblée électorale, ancien Constituant, avait d'abord été élu premier député; mais il s'excusa sur sa santé, séance tenante, et refusa. Torné donna sa démission le 9 septembre, après la clôture des opérations électorales. Il fut de suite remplacé par Pelletier, qui siégea dès le début de la Convention.

2 suppléants :

1. PELLETIER (Jacques), procureur de la commune de Bourges.
* 2. BONNAIRE (Félix), professeur d'éloquence à Bourges.

CORRÈZE.

7 députés :

1. BRIVAL (Jacques), procureur général syndic du département. — *Lég.*
2. BORIE (Jean), administrateur du directoire du département. — *Lég.*
3. GERMIGNAC (Jacques-François). — *Lég.*
4. CHAMBON (Aubin BIGORIE), membre du directoire du département.
5. LIDON (Bernard-François), négociant, président du département.
6. LANOT (Antoine-Joseph), accusateur public à Tulle.
7. PÉNIÉRES (Jean-Augustin), maire de Saint-Julien d'Albois, administrateur du département. — *Suppl. à la Lég.*

3 suppléants :

1. LAFON (Pierre-Raymond), administrateur du département.
2. RIVIERE (Pierre), commandant du bataillon du canton de Chamboulives.
3. PLAZANET (Antoine), juge de paix de Sornac.

CORSE[1].

6 députés :

1. SALICETI (Christophe), procureur général syndic du département. — *Const.*
2. CHIAPPE (Ange), membre du directoire du département. — *Suppl. à la Const.*
3. CASABIANCA (Luce), officier de marine.

[1] Sur les listes de l'an IV, ce département est désigné sous le nom de département de Golo et Liamone.

4. ANDREI (Antoine-François), commissaire civil en Corse.
5. BOZI (Jean-Baptiste), juge criminel du district d'Oletta.
6. MOLTEDO (Antoine), membre de l'administration du département, grand-vicaire de l'évêque.

2 suppléants :

1. ARRIGHY (Jean-Marie).
* 2. FRANCESCHETTI (Ambroise).

COTE-D'OR.

10 députés :

1. BASIRE (Claude), membre du directoire du district de Dijon. — *Lég.*
2. GUYTON-MORVEAU (Louis-Bernard), procureur général syndic du département. — *Lég.*
3. PRIEUR [DUVERNOIS] (Claude-Antoine), officier du génie. — *Lég.*
4. OUDOT (Charles-François), commissaire national au tribunal de Beaune. — *Lég.*
5. GUIOT (Florent), juge au tribunal de Semur. — *Const.*
6. LAMBERT [DE BELAN] (Charles), juge de paix du canton d'Autricourt. — *Lég.*
7. MAREY jeune (Nicolas-Joseph), négociant à Nuits. — *Suppl. à la Lég.*
8. TRULLARD (Narcisse), officier du génie.
9. RAMEAU (Juste), membre du directoire du département.
10. BERLIER (Théophile), avocat, membre du directoire du département.

4 suppléants :

1. ÉDOUARD [LE FLAIVE] (Jean-Baptiste), marchand à Puligny. —*Suppl. à la Lég.*
2. SIRUGUE (Marc-Antoine), administrateur du département.
* 3. GAUDEMET (....), maire d'Auxonne.
* 4. LIGERET (François), juge à Semur.

COTES-DU-NORD.

8 députés :

1. COUPPÉ (Gabriel-Hyacinthe), président du tribunal de Lannion. — *Const.*
2. PALASNE CHAMPEAUX (Julien-François), président du tribunal de Saint-Brieuc. — *Const.*
3. GAULTIER (René-Claude), commissaire national à Pontrieux. — *Suppl. à la Lég.*
4. GUYOMAR (Pierre), négociant, maire de Guingamp.
5. FLEURY (Honoré-Marie), homme de loi, commandant la garde nationale à Quintin.
6. GIRAULT (Claude-Joseph), commissaire de la marine à Dinan.
7. LONCLE (René-Charles), juge au tribunal de Loudéac.
8. GOUDELIN (Guillaume-Julien-Pierre), administrateur du district de Broons.

3 suppléants :

1. COUPARD (Jean-Jules), avocat à Dinan. — *Const.*
2. TOUDIC (Pierre), avocat, à Guingamp.
3. LE DISSEZ fils (Pierre-Claude-François).

CREUSE.

7 députés :

1. HUGUET (Marc-Antoine), évêque du département. — *Lég.*
2. DEBOURGES (Jean), juge au tribunal de district, président du département.
3. COUTISSON [DUMAS] (Jean-Baptiste), cultivateur, administrateur du département.
4. GUYÈS (Jean-François), homme de loi, à Aubusson. — *Lég.*
5. JORRAND (Louis), notaire, administrateur du département.
6. BARAILON (Jean-François), médecin, ancien juge de paix.
7. TEXIER (Léonard-Michel), juge de paix à Dun.

3 suppléants :

1. FAURE (Amable), administrateur du département.

* 2. BERGIER (Jean-Baptiste), procureur de la commune de Guéret.
* 3. LECLER (Marien).

DORDOGNE.

10 députés :

1. LAMARQUE (François), juge au tribunal de Périgueux. — *Lég.*
2. PINET aîné (Jacques), membre du directoire de Bergerac. — *Lég.*
3. LACOSTE (Élie), médecin. — *Lég.*
4. ROUX [FAZILLAC] (Pierre), ex-officier, administrateur du département. — *Lég.*
5. TAILLEFER (Jean-Guillaume), médecin, administrateur du district de Sarlat. — *Lég.*
6. PEYSSARD (Jean-Charles), maire de Périgueux.
7. BORIE CAMBORT (Étienne), juge à Sarlat.
8. ALLAFORT (Jean), vice-président de l'administration du district de Nontron.
9. MEYNARD (François), accusateur public du tribunal criminel du département.
10. BOUQUIER [aîné] (Gabriel), juge du canton de Terrasson.

3 suppléants :

* 1. FABRE (.....), agent national du district de Belvès.
* 2. PINET SAINT-NEXAINT (.....), adjudant général de l'armée des Pyrénées-Orientales.
* 3. CAVAILHON (Léonard), juge au tribunal d'Excideuil.

DOUBS.

6 députés :

1. QUIROT (Jean-Baptiste), homme de loi, accusateur public à Besançon.
2. MICHAUD (Jean-Baptiste), homme de loi, membre du directoire du département. — *Lég.*
3. SEGUIN (Philippe-Charles-François), évêque, vice-président du directoire du département.

4. MONNOT (Jacques-François-Charles), chanoine, président du département. — *Lég.*
5. VERNEREY (Charles-Baptiste-François), homme de loi, membre du directoire du département. — *Lég.*
6. BESSON (Alexandre), notaire, membre du directoire du département. — *Lég.*

2 suppléants :

* 1. JANSON (....), officier municipal de Besançon.
* 2. BLONDEAU (Pierre-Marie), verrier.

DROME.

9 députés :

1. JULLIEN (Marc-Antoine), président de l'assemblée électorale. — *Suppl. à la Lég.*
2. SAUTAŸRA (Pierre-Barthélemi), administrateur du district de Montélimar. — *Lég.*
3. GÉRENTE (Joseph-Fiacre-Olivier DE[1]). — *Lég.*
* 4. RIGAUD (Michel-Louis[2]).
5. MARBOS (François), évêque du département.
6. BOISSET (Joseph-Antoine), administrateur du district de Montélimar.
7. COLAUD [LA SALCETTE] (Jacques-Bernardin), ex-chanoine de Die. — *Const.*
8. JACOMIN (Jean-Jacques-Hippolyte), administrateur du département.
9. FAYOLLE (Jean-Raymond), accusateur public du département.

3 suppléants :

1. MARTINEL (Joseph-Marie-Philippe), homme de loi, administrateur du département.
* 2. JOURDAN (Louis-Antoine). — *Suppl. à la Lég.*
3. QUIOT (Jérôme-François).

[1] Il signe constamment Olivier-Gérente.
[2] Il refuse après la clôture des opérations électorales. Martinel prend sa place dès le début de la Convention.

EURE[1].

11 députés :

1. BUZOT (François-Nicolas-Léonard), président du tribunal criminel d'Évreux. — *Const.*
2. LINDET (Robert-Thomas), évêque du département. — *Const.*
3. LINDET (Jean-Baptiste-Robert), homme de loi. — *Lég.*
4. DU ROY (Jean-Michel), juge au tribunal de Bernay. — *Suppl. à la Lég.*
5. RICHOU (Louis-Joseph), administrateur du district des Andelys, maire de Gisors.
6. LEMARECHAL (Denis), négociant, maire de Rugles. — *Const.*
7. TOPSENT (Jean-Baptiste-Nicolas), capitaine de navire.
8. BOUILLEROT (Alexis-Joseph), receveur du district de Bernay.
9. VALLÉE (Jacques-Nicolas), président de l'administration du district d'Évreux.
10. SAVARY (Louis-Jacques), commissaire national près le tribunal criminel du département, juge suppléant au tribunal de cassation.
11. DUBUSC (Charles-François), fabricant de draps à Louviers, administrateur du département.

4 suppléants :

1. FRANCASTEL (Marie-Pierre-Adrien), administrateur du district d'Évreux.

* 2. DURAND (François-Gervais), vice-président du directoire de Pont-Audemer.

3. BIDAULT (Laurent-Mathieu-Gervais), négociant à La Haye de Calleville.

* 4. MORDANT (Armand-François-Louis), juge de paix à Vernon.

[1] La députation de l'Eure se composait d'abord de Buzot, les deux Lindet, Du Roy, Richou, Albitte, Brissot, Lemarechal, Topsent, Carra et Condorcet; mais Albitte, Brissot, Carra et Condorcet ayant opté, au cours des opérations électorales, pour d'autres départements, furent remplacés, Albitte par Bouillerot, et les trois autres par Vallée, Savary et Dubusc, nommés d'abord premier, deuxième et troisième suppléants, et qui eurent eux-mêmes, pour les remplacer comme suppléants, Durand, Bidault et Mordant.

EURE-ET-LOIR.

9 députés :

1. DELACROIX (Jean-François), membre du tribunal de cassation. — *Lég.*
2. BRISSOT [DE WARVILLE] (Jacques-Pierre), rédacteur du *Patriote Français. — Lég. (Paris).*
3. PETION [DE VILLENEUVE] (Jérôme), maire de Paris. — *Const.*
4. GIROUST (Jacques-Charles), juge au tribunal de Nogent-le-Rotrou. — *Lég.*
5. LESAGE (Denis-Toussaint), président du tribunal de Chartres.
6. LOISEAU (Jean-François), juge paix de Châteauneuf.
7. BOURGEOIS (Nicolas), médecin à Châteaudun.
8. CHÂLES (Pierre-Jacques-Michel), prêtre, maire de Nogent-le-Rotrou.
9. FREMANGER (Jacques), procureur syndic du district de Dreux.

4 suppléants :

1. DERONZIERES (Louis-Amand), juge au tribunal de Janville.
2. MARAS (Claude-Julien), procureur de la commune de Chartres.
3. * BOISGUYON (.....), membre de la société des Jacobins.
4. LONQÜEUE (Louis), professeur.

FINISTÈRE.

8 députés :

1. BOHAN (Alain), juge au tribunal de Châteaulin. — *Lég.*
2. BLAD (Claude-Antonin-Augustin), procureur de la commune à Brest.
3. GUEZNO (Mathieu), négociant, membre du directoire du département.
4. MAREC (Pierre), secrétaire général du département. — *Suppl. à la Lég.*

5. QUEINNEC (Jacques), cultivateur à Plouneourmenez.
6. KERVELEGAN (Augustin-Bernard-François LE GOAZRE), président du tribunal de Quimper. — *Const.*
7. GUERMEUR (Jacques-Tanguy-Marie), commissaire national du tribunal de Quimperlé.
8. GOMAIRE (Jean-René), administrateur du département.

3 suppléants :

1. BOISSIER (Pierre-Bruno).
* 2. LE PREDOUR (Louis-Joseph-Marie), administrateur du département.
* 3. POULLAIN (Augustin-Pierre-Claude), ex-commissaire du roi.

GARD.

8 députés :

1. LEYRIS (Augustin-Jacques), vice-président du district d'Alais. — *Lég.*
2. TAVERNEL (.....), juge au tribunal de Beaucaire. — *Lég.*
3. VOULLAND (Jean-Henri), avocat. — *Const.*
4. JAC (Jacques), propriétaire. — *Const.* (*Montpellier*).
5. AUBRY (François), lieutenant-colonel du 38e régiment d'infanterie.
6. BALLA (Joseph-François).
7. RABAUT [POMIER] (Jacques-Antoine), pasteur à Montpellier.
8. CHAZAL (Jean-Pierre), avocat.

3 suppléants :

1. BERTEZÈNE (Jean-Étienne), électeur de Saint Jean du Gard.
2. CHAMBON [LATOUR] (Jean-Michel), maire d'Uzès. — *Const.*
* 3. BRESSON (Jean), administrateur du directoire du département.

GARONNE (HAUTE-).

12 députés :

1. MAILHE (Jean-Baptiste), homme de loi, procureur général du département. — *Lég.*

2. DELMAS (Jean-François-Bertrand), major général de la garde nationale de Toulouse. — *Lég.*
3. PROJEAN (Joseph-Étienne), homme de loi, propriétaire à Carbonne. — *Lég.*
4. PERÉS [DE LA GESSE] (Emmanuel), homme de loi, maire de Boulogne-sur-Gesse. — *Const.*
5. JULIEN (Jean), administrateur du directoire du département.
6. CALÉS (Jean-Marie), médecin, procureur syndic du district de Revel.
7. ESTADENS (Antoine), administrateur du département.
8. AŸRAL (Louis-Bernard), administrateur du département.
9. DE SACY (Claude-Louis-Michel), commandant le 8e bataillon de la première légion du district de Muret.
10. ROUZET (Jean-Marie), professeur de droit, procureur syndic du district de Toulouse.
11. DRULHE (Philippe), curé à Toulouse (paroisse du Taur).
12. MAZADE [PERCIN] (Julien-Bernard-Dorothée), commissaire auprès du tribunal de Castel-Sarrazin. — *Suppl. à la Lég.*

4 suppléants :

* 1. DARIO (Blaise), juge au tribunal de Saint-Gaudens.
2. ALARD (Pierre), maire de Montesquieu. — *Suppl. à la Lég.*
3. LESPINASSE (Jean-Joseph-Louis), administrateur du directoire du district de Toulouse.
* 4. MARRAST (Pierre), administrateur du district de Muret.

GERS.

9 députés :

1. LAPLAÏGNE (Antoine), président du tribunal d'Auch. — *Lég.*
2. MARIBON-MONTAUT (Louis), ex-mousquetaire, lieutenant-colonel de la garde nationale de Condom. — *Lég.*
3. DESCAMPS (Bernard), procureur syndic de Lectoure. — *Lég.*
4. CAPPIN (Joseph), homme de loi.
5. BARBEAU DU BARRAN (Joseph-Nicolas), procureur général syndic du Gers.
6. LAGUIRE (Joseph), juge de paix à Nogaro. — *Lég.*

7. ICHON (Pierre), supérieur de l'Oratoire de Condom.— *Lég.*
8. BOUSQUET (François), médecin, maire de Mirande.
9. MOŸSSET (Jean), président du département.

3 suppléants :

1. PEREZ (Joachim), maire d'Auch. — *Consl.*
* 2. AMADE (.....), juge au tribunal d'Auch.
* 3. LACOSTE (.....), administrateur du district de l'Isle Jourdain

GIRONDE.

12 députés :

1. VERGNIAUD (Pierre-Victurnien), avocat, administrateur du département. — *Lég.*
2. GUADET (Marguerite-Élie), avocat, membre du tribunal de cassation. — *Lég.*
3. GENSONNÉ (Armand), avocat, membre du tribunal de cassation. — *Lég.*
4. GRANGENEUVE (Jean-Antoine), homme de loi, substitut du procureur de la commune. — *Lég.*
5. JAY [DE SAINTE-FOY] (Jean), avocat. — *Lég.*
6. SIEYES (Emmanuel-Joseph). — Opte pour la Sarthe.
7. CONDORCET (Marie-Jean-Antoine-Nicolas). — Opte pour l'Aisne.
8. DUCOS (Jean-François), négociant. — *Lég.*
9. GARRAU (Pierre-Anselme), avocat. — *Suppl. à la Lég.*
10. BOYER-FONFREDE (Jean-Baptiste), négociant, officier municipal de Bordeaux.
11. DELEYRE (Alexandre), administrateur du district de Cadillac.
12. DUPLANTIER (Jacques-Paul-Fronton), négociant à Bordeaux, administrateur du département. — *Suppl. à la Lég.*

4 suppléants [1] :

1. LACAZE fils aîné (Jacques), négociant à Libourne, administrateur du département.

[1] Lacaze et Bergoeing furent appelés, dès le début, à remplacer Sieyes et Condorcet optant pour d'autres départements; aussi, pour compléter

* 2. EMMERTH (......), officier municipal de Bordeaux.
* 3. BRETHON (.....).
4. BERGOEING aîné (François), maire de Saint-Macaire.
EZEMAR (Jean DUCROS).
* MEYERE (Richard).

HÉRAULT

9 députés :

1. CAMBON fils aîné (Pierre-Joseph), négociant, officier municipal de Montpellier. — *Suppl. à la Const.; Lég.*
2. BONNIER [D'ALCO] (Ange-Elisabeth-Louis-Antoine), président de l'administration du district de Montpellier. — *Lég.*
3. CURÉE (Jean-François), administrateur du département. — *Lég.*
4. VIENNET (Jacques-Joseph), officier municipal de Béziers. — *Lég.*
5. ROUYER (Jean-Pascal). — *Lég.*
6. CAMBACÉRÈS (Jean-Jacques-Régis), président du tribunal criminel du département.
7. BRUNEL (Ignace), maire de Béziers.
8. FABRE (Claude-Dominique-Côme), président de l'administration du district de Montpellier.
9. CASTILHON (Pierre), négociant à Cette.

3 suppléants :

* 1. COSTE (.....), président du département.
* 2. BALPT ou BALP (....), administrateur du département.
3. JOUBERT (Louis), administrateur du département.

la députation, les électeurs furent-ils convoqués afin de choisir deux nouveaux suppléants. Ce fut Ezemar, dit Ducros Ezemar, et Meyere qui obtinrent les suffrages des électeurs.

ILLE-ET-VILAINE[1].

10 députés :

1. LANJUINAIS (Jean-Denis), professeur du droit public français. — *Const.*
2. DEFERMON (Jacques), président du tribunal criminel de Rennes. — *Const.*
3. DUVAL (Charles-François-Marie), homme de loi, juge au tribunal de Vitré. — *Lég.*
4. SEVESTRE (Joseph), greffier du tribunal de Rennes.
5. CHAUMONT (Jean-François), administrateur du district de Saint-Malo.
6. LE BRETON (Roch-Pierre-François), procureur syndic du district de Fougères. — *Lég.*
7. DU BIGNON (François-Marie), électeur de Redon.

* 8. TARDIVEAU (François-Alexandre), homme de loi à Rennes. — *Lég.*

9. OBELIN (Mathurin-Jean-François), juge du district de Saint-Malo, haut juré.
10. BEAUGEARD (Pierre-Jean-Baptiste), procureur syndic du district de Vitré.

4 suppléants :

1. MAUREL (Jean-François), chirurgien à Bain.

* 2. GILBERT (Nicolas-Pierre), médecin militaire de Pol-Léon, officier municipal de Rennes.

* 3. COURNÉ (......), professeur émérite, libraire à Rennes.

4. TREHOUART (Bernard-Thomas), maire de Saint-Malo, colonel de la garde nationale, administrateur du département.

* TALHOUET (........), maire de Rennes.

INDRE.

6 députés :

1. PORCHER (Gilles), commissaire national au tribunal de La Châtre. — *Suppl. à la Lég.*

[1] Tardiveau n'ayant donné sa démission que le 15 septembre 1792, après la dissolution de l'assemblée électorale, fut de suite remplacé par Maurel, et on élut plus tard un nouveau suppléant, qui est Talhouet.

2. THABAUD[1] (Guillaume), administrateur du département.
3. PEPIN (Sylvain), accusateur public au tribunal de Châteauroux.
4. BOUDIN (Jacques-Antoine), président de l'administration du district de Châteauroux.
5. LEJEUNE (Sylvain-Phalier), administrateur du directoire du district d'Issoudun.
6. DERAZEY (Jean-Joseph-Eustache), administrateur du département.

2 suppléants :

* 1. NERAUD (Pierre), juge du district de La Châtre.
* 2. VEZIEN (François), administrateur du département.

INDRE-ET-LOIRE.

8 députés :

1. NIOCHE (Pierre-Claude), juge au tribunal de Loches. — *Const.*
2. DUPONT (Jacob-Louis), maire de Perusson. — *Lég.*
3. POTTIER (Charles-Albert), juge au tribunal de Loches.
4. GARDIEN (Jean-François-Martin), procureur syndic à Château-Renault.
5. RUELLE (Albert), président du tribunal de Langeais. — *Suppl. à la Lég.*
6. CHAMPIGNY-CLÉMENT (René-Jean), négociant à Chinon.
7. YSABEAU (Claude-Alexandre), ex-oratorien, curé de Saint-Martin de Tours.
8. BODIN (Pierre-Joseph-François), chirurgien, commandant la garde nationale de Limeray.

3 suppléants :

1. POTIER (Louis), juge au tribunal de Loches.

[1] Dans le procès-verbal d'élection, Thabaud est désigné sous le nom de Thabaud Bois-la-Reine pour le distinguer de son frère Thabaud de Latouche. Le premier député est appelé Porcher de l'Issonnet.

2. VEAU [DE LAUNAY] (Pierre-Louis-Athanase), homme de loi.
3. CHAMPIGNY-AUBIN (Louis), négociant, président du district de Langeais. — *Suppl. à la Lég.*

ISÈRE [1].

9 députés :

1. BAUDRAN (Mathieu), juge au tribunal de Vienne.
2. GENEVOIS (Louis-Benoît), président du tribunal de Grenoble.
3. DUBOIS DE CRANCÉ (Edmond-Louis-Alexis). — Opte pour les Ardennes.
4. SERVONAT (Joseph-Sébastien), notaire, juge de paix de Mont-Severoux, administrateur du département.
5. AMAR (Jean-Pierre-André), membre du directoire du district de Grenoble.
6. PRUNELLE DE LIERE (Léonard-Joseph), médecin, maire de Grenoble. — *Suppl. à la Lég.*
7. REAL (André), président de l'administration du district de Grenoble.
8. BOISSIEU (Pierre-Joseph-Didier), administrateur du département. — *Suppl. à la Lég.*
9. GENISSIEU (Jean-Joseph-Victor), juge au tribunal de Grenoble.

3 suppléants :

1. CHARREL (Pierre-François), membre du directoire du district de La Tour du Pin.
* 2. ALMERAS LA TOUR (François-Joseph), président du tribunal de Vienne. — *Suppl. à la Lég.*
3. DECOMBEROUSSE (Benoît-Michel), juge au tribunal de Vienne.

[1] Pascal La Rochette (Jean-Mathieu), administrateur de La Tour-du-Pin, élu député après Genevois, donna de suite sa démission et fut remplacé séance tenante. Dubois de Crancé n'opta qu'après les élections et fut remplacé par Charrel.

JURA.

8 députés :

1. VERNIER (Théodore), président du tribunal de Lons-le-Saulnier. — *Const.*
2. LAURENCEOT (Jacques-Henri), capitaine volontaire dans les bataillons du Jura.
3. GRENOT (Antoine), juge du canton de Gendrey. — *Const.*
4. PROST (Claude-Charles), juge de paix de Dôle.
5. BABEY (Pierre-Athanase-Marie), avocat. — *Const.*
6. AMYON (Jean-Claude), cultivateur.
7. FERROUX (Étienne-Joseph), électeur à Salins.
8. BONGUYOD (Marc-François), membre du directoire du département.

3 suppléants :

* 1. CHAFFIN (Étienne), juge au tribunal de Poligny.
* 2. JANOD (Jean-Joseph-Joachim), membre du directoire du département.
* 3. VAUCHER (Marc-Denis), accusateur public au tribunal criminel du département.

LANDES.

6 députés :

1. DARTIGOEYTE (Pierre-Arnaud), procureur syndic du district de Saint-Sever.
2. LEFRANC (Jean-Baptiste), administrateur du département, procureur syndic du district de Mont-de-Marsan.
3. CADROY (Paul), vice-président de l'administration du département.
4. DUCOS [aîné] (Pierre-Roger), président du tribunal criminel du département.
5. DYZEZ (Jean), procureur général syndic du département. — *Lég.*

6. SAURINE (Jean-Pierre), évêque du département. — *Const. (Tarbes).*

2 suppléants :

* 1. MERICAMP (Salomon). — *Lég.*
* 2. RAMONBORDES (.....), accusateur public au tribunal criminel des Landes.

LOIR-ET-CHER [1].

7 députés :

1. GRÉGOIRE (Henri), évêque du département. — *Const.*
2. CHABOT (François), vicaire épiscopal de Blois. — *Lég.*
3. BRISSON (Marcou), procureur syndic du département. — *Lég.*
* 4. SAINT-PIERRE (Jacques-Henri-Bernardin DE), intendant du Jardin des Plantes.
5. FRECINE (Augustin-Lucie), président du conseil du département. — *Lég.*
6. LECLERC (Claude-Nicolas), accusateur public à Blois. — *Suppl. à la Lég.*
7. CARRA (Jean-Louis). — Opte pour Saône-et-Loire.

3 suppléants :

1. MERCIER (Louis-Sébastien). — Élu dans Seine-et-Oise.
2. VENAILLE (Pierre-Étienne).
3. FOUSSEDOIRE (André), administrateur du département.
* ROCHEJEAN (Marie-Joseph-Philibert), prêtre.
* PEAN (François-Étienne), administrateur du département.

[1] Bernardin de Saint-Pierre refuse par lettre datée du 3 octobre ; Mercier écrivit le 2 octobre qu'il était élu dans Seine-et-Oise ; Carra opta pour Saône-et-Loire. Il devint ainsi nécessaire de nommer, lors des élections complémentaires, de nouveaux suppléants. On élut Rochejean et Pean.

LOIRE (HAUTE-)[1].

7 députés :

1. REYNAUD (Claude-André-Benoît), maire du Puy. — *Lég.*
2. FAURE (Balthazar), président du tribunal d'Yssingeaux.
3. DELCHER (Joseph-Étienne), procureur de la commune de Brioude. — *Lég.*
4. LANTHENAS (François). — Opte pour Rhône-et-Loire.
5. RONGIÈS (Antoine), cultivateur. — *Lég.*
6. BONET (Joseph-Balthazar), juge de paix à Monistrol. — *Const.*
7. CAMUS (Armand-Gaston), archiviste. — *Const.*

3 suppléants :

1. BARTHELEMY (Jean-André), homme de loi, lieutenant dans les canonniers volontaires du Puy.
2. LEMOŸNE (Jean-Claude), électeur de Monistrol.
3. BARDY (François), de Brioude.

* IMBERT [DUPUY] (Claude-Augustin).

LOIRE-INFÉRIEURE.

8 députés :

1. MÉAULLE (Jean-Nicolas), juge au tribunal de Châteaubriant. — *Suppl. à la Lég.*
2. LEFEBVRE [DE CHAILLY] (Julien), procureur syndic de Nantes. — *Const.*
3. CHAILLON (Étienne), homme de loi à Montoire. — *Const.*
4. MELLINET (François), négociant à Nantes.
5. VILLERS (François-Toussaint), président du département.

[1] Lanthenas ayant opté pour Rhône-et-Loire après la clôture des opérations électorales et ayant été remplacé par Barthelemy, on compléta le nombre des suppléants, à une date postérieure, par la nomination d'Imbert.

6. FOUCHÉ (Joseph), principal du collège de Nantes.
7. JARY (Marie-Joseph), agriculteur. — *Const.*
8. COUSTARD [DE MASSY] (Anne-Pierre), commandant de la garde nationale. — *Lég.*

3 suppléants :

* 1. TARTU (Jean-François).
* 2. MAUPASSANT (César). — *Const.*
* 3. BENOISTON (Jean-Marie), commissaire au tribunal du district de Savenay. — *Lég.*

LOIRET[1].

9 députés :

1. GENTIL (Michel), procureur syndic du district d'Orléans. — *Lég.*
2. GARRAN [DE COULON] (Jean-Philippe), grand procurateur. — *Suppl. à la Constituante ; Lég.*
3. LE PAGE (Louis-Pierre-Nicolas-Marie), médecin à Montargis.
4. PELÉ (Bon-Thomas), juge à Beaugency.
5. LOMBARD LACHAUX (Pierre), maire d'Orléans.
6. GUERIN [DES MARCHAIS] (Pierre), homme de loi à Gien.
7. DELAGUEULLE [DE COINCES] (René-Louis), président du tribunal d'Orléans.
8. LOUVET [DE COUVRAI] (Jean-Baptiste), écrivain.
9. BOURDON (Jean-Joseph-Léonard), commissaire du conseil exécutif auprès de la haute cour.

[1] Louvet et Léonard Bourdon furent élus spécialement pour remplacer Condorcet et Brissot, nommés d'abord huitième et neuvième députés, mais optant pour d'autres départements. De même, Bordier de Neuville est élu en remplacement de Marquis nommé premier suppléant, mais qui refuse, ayant été nommé député de la Meuse. Le corps électoral avait décidé que, contrairement aux habitudes, les remplaçants de Condorcet et de Brissot ne seraient pas pris parmi les suppléants, mais seraient désignés par un vote spécial.

3 suppléants :

1. GAILLARD (Cosme-François), président du tribunal de Montargis.
* 2. DARTONNE (Pierre-Germain), homme de loi et procureur de la commune de Gien.
* 3. BORDIER DE NEUVILLE (.....), administrateur du département. — *Suppl. à la Constituante.*
* POINTO (.....), juge de paix de Boiscommun.

LOT.

10 députés :

1. LA BOISSIÈRE (Jean-Baptiste), juge au tribunal de Moissac. — *Lég.*
2. CLEDEL (Étienne), procureur syndic du district de Saint-Céré. — *Lég.*
3. SALLELES (Jean), maire de Cahors.
4. JEANBON SAINT-ANDRÉ (André), officier municipal de Montauban.
5. MONMAYOU (Hugues-Guillaume-Bernard-Joseph), membre du directoire du département.
6. CAVAIGNAC (Jean-Baptiste), membre du directoire du département.
7. BOUYGUES (Jean-Pierre), membre du directoire du département.
8. CAILA (Jean-Baptiste-Étienne), juge au tribunal de Figeac.
9. DELBREL (Pierre), homme de loi, volontaire.
10. ALBOUYS (Barthélemy), juge à Cahors.

3 suppléants :

1. BLAVIEL (Antoine-Innocent), administrateur du département.
2. SARTRE ayné (Marc-Antoine), administrateur du district de Montauban.
* 3. SOUILHÉ (.....), procureur syndic du district de Saint-Céré.

LOT-ET-GARONNE.

9 députés :

1. Vidalot (Antoine), juge au tribunal de Valence. — *Lég.*
2. Laurent (Antoine-Jean-Blaise), haut-juré, juge de paix à Auvillars.
3. Paganel (Pierre), vicaire épiscopal, procureur syndic de Villeneuve. — *Lég.*
4. Claverye (Jean-Baptiste-Joseph), président de l'administration du département, haut-juré. — *Const.*
5. Larroche (Jean-Félix-Samuel), administrateur du département.
6. Boussion (Pierre), médecin, vice-président de l'administration de Lauzun. — *Const.*
7. Guyet-Laprade (Pierre-Jules), administrateur du département, juge de paix à Meilhan.
8. Fournel (Marc-Antoine), procureur syndic du district de Villeneuve.
9. Nogueres (Thomas), administrateur du district d'Agen.

3 suppléants :

* 1. Pérribére (Jean-Baptiste), maire de Nérac.
2. Cabarroc (Antoine), procureur syndic du district de Valence.
* 3. Duniagon (.....), juge au tribunal de Nérac.

LOZÈRE.

5 députés :

1. Barrot (Jean-André), juge au tribunal de Langogne. — *Suppl. à la Lég.*
2. Chateauneuf Randon (Alexandre-Paul), adjudant général commandant la légion de l'armée du Midi. — *Const.*
3. Servière (Laurent), juge de paix au Pont-de-Montvert.
4. Pelet (Jean), président du directoire du département.
5. Monestier (Pierre-Laurent), homme de loi. — *Lég.*

2 suppléants :

* 1. GIRARD (Barthélemy), médecin à Marvejols.
* 2. LA PORTE BELVIALA (Étienne-Anne-Augustin), juge au tribunal de Langogne. — *Suppl. à la Lég.*

MAINE-ET-LOIRE.

11 députés :

1. CHOUDIEU (Pierre-René), accusateur public à Angers. — *Lég.*
2. DELAUNAY d'Angers [aîné] (Joseph), commissaire national près le tribunal d'Angers. — *Lég.*
3. DEHOULIERE (Louis-Charles-Auguste), maire d'Angers (février 1790). — *Lég.*
4. REVELLIERE [LÉPEAUX] (Louis-Marie DE LA), administrateur du département. — *Const.*
5. PILASTRE [DE LA BRARDIÈRE] (Urbain-René), maire d'Angers (novembre 1791). — *Const.*
6. LECLERC (Jean-Baptiste), administrateur du département. — *Const.*
7. DANDENAC [aîné], (Marie-François), vice-président du district de Saumur.
8. DELAUNAY [jeune] (Pierre-Marie), président du tribunal criminel d'Angers.
9. PERARD (Charles-François-Jean), administrateur du district d'Angers. — *Suppl. à la Lég.*
10. DANDENAC [jeune] (Jacques), maire de Rou-Marson.
11. LEMAIGNAN (Julien-Camille), lieutenant criminel de la sénéchaussée de Baugé. — *Const.*

4 suppléants :

1. VIGER (Louis-François-Sébastien), procureur syndic à Angers. — *Suppl. à la Lég.*
2. MENUAU (Henri), juge au tribunal de Vihiers.
* 3. TESSIÉ [DUCLUSEAUX] (Joseph-François-Alexandre), physicien, administrateur du département.
4. TALOT (Michel), avoué, puis adjudant général.

MANCHE.

13 députés :

1. SAUVÉ (Gervais), négociant, maire de Ducé. — *Lég.*
2. POISSON (Jacques), président du tribunal de Saint-Lô. — *Lég.*
3. LEMOINE (Jean-Angélique), juge au tribunal de Mortain. — *Lég.*
4. LE TOURNEUR (Etienne-François-Louis-Honoré), capitaine du génie. — *Lég.*
5. RIBET (Bon-Jacques-Gabriel-Bernardin), négociant à Cherbourg, administrateur du département. — *Suppl. à la Lég.*
6. PINEL (Pierre), administrateur du district d'Avranches.
7. LE CARPENTIER (Jean-Baptiste), chef de légion du district de Valognes.
8. HAVIN (Léonor), administrateur du district de Saint-Lô.
9. BONNESŒUR [BOURGINIÈRE] (Siméon-Jacques-Henri), administrateur du département.
10. ENGERRAN [1] (Jacques), homme de loi à Avranches.
11. REGNAULD-BRETEL (Charles-Louis-François), administrateur du département; juge de paix de La Haye du Puits.
12. LAURENCE (André-François), administrateur du département.
13. HUBERT [2] (Jean-Michel), administrateur du département, commandant de bataillon.

5 suppléants :

* 1. JUBÉ (Auguste), adjudant général de la première légion.
* 2. CARBONEL (.....), administrateur du district d'Avranches.
* 3. AGNÈS (.....), administrateur du département.
* 4. HEÜDELINE (.....), administrateur du département.
* 5. MACÉ (.....), homme de loi à Coutances.

[1] Nommé une fois Engerran-Deslandes par le procès-verbal d'élection.
[2] Le procès-verbal de l'élection le nomme Hubert-Dumanoir.

MARNE.

10 députés :

1. Prieur (Pierre-Louis), membre du directoire du département. — *Const.*
2. Thuriot (Jacques-Alexis), juge au tribunal de Semur. — *Lég.*
3. Charlier (Louis-Joseph), administrateur du district de Châlons. — *Lég.*
4. Delacroix (Charles), administrateur du département.
5. Deville (Jean-Louis), administrateur du département.
6. Poulain (Jean-Baptiste-Célestin). — *Const.*
7. Droüet (Jean-Baptiste), maître de poste à Sainte-Menéhould. — *Suppl. à la Lég.*
8. Armonville (Jean-Baptiste), cardeur de laine à Reims.
9. Blanc (François-Joseph), administrateur du département.
10. Battellier (Jean-César), maire de Vitry-le-François.

4 suppléants :

* 1. Josse (.....), membre de l'ancienne administration.
* 2. Camus (Edme-Jean), juge au tribunal de Sezanne.
* 3. Jolly Pilloy (.....), membre du directoire du district de Reims.
* 4. Cerisier (Pierre-Joseph), inspecteur des vivres à Vesoul.

MARNE (HAUTE-)[1].

7 députés :

1. Guyardin (Louis), procureur de la commune de Langres. — *Const.*
2. Monnel (Simon-Edme), curé. — *Const.*

[1] En raison de la proximité des armées ennemies, l'élection eut lieu au scrutin de liste, afin d'éviter les lenteurs du vote uninominal. Le sixième député élu était Drevon; il refuse et est remplacé, séance tenante, par Wandelaincourt, nommé d'abord suppléant, puis remplacé lui-même, comme suppléant, par Maillard-Millet.

3. Roux (Louis-Félix), vicaire épiscopal.
4. Valdruche (Anne-Joseph-Arnoul), administrateur du département. — *Lég.*
5. Chaudron-Roussau (Guillaume), agriculteur. — *Lég.*
6. Laloy [jeune] (Pierre-Antoine), administrateur du département. — *Lég.*
7. Wandelaincourt (Antoine-Hubert), évêque du département.

3 suppléants :

* 1. Varaigne[1] (Pierre-Joseph-Bernard). — *Lég.*
* 2. Laloy [aîné] (Jean-Nicolas), médecin et maire de Chaumont. — *Const.*
* 3. Maillard-Millet (.....), ex-noble, fils d'un maître des Comptes de Dijon.

MAYENNE.

8 députés :

1. Bissy [jeune] (Jacques-François), juge au tribunal de Mayenne. — *Lég.*
2. Esnüe de La Vallée (François-Joachim), juge au tribunal de Craon. — *Lég.*
3. Grosse Durocher (François), administrateur du département. — *Lég.*
4. Enjubault (Mathurin-Etienne), notaire, administrateur du département. — *Const.*
5. Serveau [Touche-Vallier] (François), administrateur du directoire du district d'Évron. — *Suppl. à la Lég.*
6. Plaichard Choltiere (René-François), médecin à Laval. — *Suppl. à la Lég.*
7. Villar (Noël-Gabriel-Luce), évêque du département.
8. Le Jeune (René-François), avocat, administrateur du département.

[1] Il est nommé Devaraigne sur les listes de l'Assemblée législative. Il signait ordinairement Devaraigne avant la Convention.

3 suppléants :

1. DESTRICHÉ (Yves-Marie), maire de Château-Gontier.
* 2. MIDI (François), juge au tribunal de Craon.
* 3. THOUMIN (François), avocat. — *Suppl. à la Const.*

MEURTHE.

8 députés :

1. SALLE (Jean-Baptiste), administrateur du département. — *Const.*
2. MALLARMÉ (François-René-Auguste), procureur syndic du district de Pont-à-Mousson, suppléant du tribunal de cassation. — *Lég.*
3. LE VASSEUR (Antoine-Louis), procureur syndic du district de Toul. — *Lég.*
4. MOLLEVAUT (Étienne), juge au tribunal de cassation.
5. BONNEVAL (Germain), cultivateur. — *Lég.*
6. LALANDE (Luc-François), évêque du département.
7. MICHEL (Pierre), juge au tribunal de Château-Salins.
8. ZANGIACOMI fils (Joseph), procureur de la commune de Nancy.

3 suppléants :

1. COLLOMBEL (Pierre), maire de Pont-à-Mousson.
* 2. MOURES (Victor-Nicolas), homme de loi, secrétaire du district de Sarrebourg.
3. JACOB (Dominique), maire de Toul.

MEUSE.

8 députés :

1. MOREAU (Jean), procureur syndic du département. — *Lég.*
2. MARQUIS (Jean-Joseph), grand juge de la haute cour nationale. — *Const.*
3. TOCQUOT (Charles-Nicolas), juge de paix de Dompcevrin. — *Lég.*

4. Pons (Philippe-Laurent), accusateur public à Paris.
5. Roussel (Claude-Jean), administrateur du district de Gondrecourt.
6. Bazoche (Claude-Hubert), président du tribunal de Saint-Mihiel. — *Const.*
7. Humbert (Sébastien), administrateur du directoire du district de Bar-sur-Ornain.
8. Harmand (Jean-Baptiste), juge de paix à Bar-sur-Ornain.

3 suppléants :

* 1. Lolivier (Jean-Baptiste), de Saint-Mihiel, président du tribunal criminel du département. — *Lég.*
* 2. Asseline (.....), électeur de Montmédy.
3. Garnier-Anthoine (Claude-Xavier), négociant à Bar.

MONT-BLANC[1].

8 députés :

1. Gentil (François), avocat à Carouge.
2. Dubouloz (Jean-Michel), avocat et propriétaire en Chablais.
3. Carelli [de Bassy] (François-Jean-Baptiste), homme de loi.
4. Marin (Anthelme), avocat à Chambéry.
5. Duport (Bernard-Jean-Maurice), avocat à Chambéry.
6. Marcoz (Jean-Baptiste-Philippe), médecin à Saint-Jean-de-Maurienne.
7. Gumery (Michel), avocat à Moutiers.
8. Balmain (Jacques-Antoine), avocat à Chambéry.

[1] La Savoie, réunie à la France par le général Montesquiou les 21-23 septembre 1792, devint le département du Mont-Blanc le 27 novembre. Les députés furent nommés le 10 février 1793 seulement. Voyez sur les élections des députés le travail de M. Folliet intitulé *les Députés Savoisiens aux Assemblées législatives de la Révolution* (1792-1800) et le procès-verbal imprimé de la Convention (séance du 20 mars 1793, p. 93). — Joseph-Marie Bal, élu député, puis nommé procureur-syndic de Moutiers, opta pour ces fonctions et ne siégea pas. Comme le procès-verbal de l'assemblée électorale n'est pas aux Archives nationales, il est très difficile de contrôler les incidents de cette élection. — Le procès-verbal officiel de la séance de la Convention du 7 août 1793 (p. 189) dit que Genin est appelé à remplacer Garan démissionnaire; or, ce Garan ne figure sur aucune liste.

3 suppléants :

1. DUMAZ (Jacques-Marie), avocat à Chambéry.
2. GENIN (Jean-François), avocat et officier municipal à Chambéry.
* 3. GRENUS (Jacques), employé à l'armée des Alpes.
* BURNOD (.....), agent national du district d'Annecy.

MONT-TERRIBLE[1].

2 députés :

1. ROUGEMONT (Ignace).
2. LÉMANE (Antoine).

1 suppléant :

* 1. GRAIZELÈ (.....).

MORBIHAN[2].

8 députés :

1. LEMALLIAUD (Joseph-François), procureur syndic du département. — *Lég*.
2. LEHARDI (Pierre), médecin, procureur syndic du district de Josselin.
3. CORBEL (Vincent-Claude), juge à Pontivy. — *Lég*.
4. LEQUINIO (Joseph-Marie), juge au tribunal de Vannes. — *Lég*.
5. AUDREIN (Yves-Marie), vicaire épiscopal. — *Lég*.

[1] L'évêché de Bâle fut réuni à la France, sous le nom de département du Mont-Terrible, le 23 mars 1793. La lettre qui transmet à la Convention l'extrait du procès-verbal de l'Assemblée électorale porte la date du 28 avril. Voir aussi le procès-verbal imprimé du 25 juillet.

[2] Pierre-Toussaint Gaillard, vice-président du directoire du district de Ploërmel, élu député après Lehardi, donna sa démission après la nomination de Michel. Rouault fut appelé aussitôt, même avant l'élection des suppléants, à compléter la députation du département.

6. Gillet (Pierre-Mathurin), procureur général syndic du département. — *Suppl. à la Lég.*
7. Michel (Guillaume), négociant à Lorient.
8. Roüault (Joseph-Yves), commissaire national près le tribunal criminel du département.

3 suppléants :

1. Brüe (Louis-Urbain), administrateur du département.
* 2. Poizevara (Pierre), juge au tribunal de Fahouet.
3. Chaignart (Vincent-François-Marie), maire de Malestroit.

MOSELLE.

8 députés :

1. Merlin [de Thionville] (Antoine), homme de loi. — *Lég.*
2. Anthoine (François-Paul-Nicolas), président des représentants de la commune de Metz. — *Const.*
3. Couturier (Jean-Pierre), juge au tribunal de Bouzonville. — *Lég.*
4. Hentz (Nicolas), juge de paix de Sierck.
* 5. Barthelemy (Nicolas), juge de paix de Metz. — Refuse.
6. Blaux (Nicolas-François), homme de loi, maire de Sarreguemines.
7. Thirion (Didier), professeur au collège de Metz.
8. Becker (Joseph), juge de paix à Saint-Avold.

3 suppléants :

1. Bar (Jean-Étienne), greffier de la municipalité de Thionville.
* 2. Boulay (Nicolas), homme de loi, juge de paix de Bouzonville.
3. Karcher (Henry), fabricant à Bouquenom.

NIÈVRE

7 députés :

1. SAUTEREAU (Jean), procureur général syndic du département. — *Lég.*
2. DAMERON (Joseph-Charlemagne), homme de loi à La Charité-sur-Loire. — *Lég.*
3. LEFIOT (Jean-Alban), procureur syndic du district de Saint-Pierre-le-Moutier.
4. GUILLERAULT (Jean-Guillaume), avoué, procureur syndic de La Charité-sur-Loire.
5. LEGENDRE (François-Paul), homme de loi, maître de forges, administrateur du département.
6. GOYRE LAPLANCHE (Jacques-Léonard), vicaire de l'église cathédrale de Nevers.
7. JOURDAN (Jean-Baptiste), homme de loi, administrateur du département.

3 suppléants :

* 1. DUVERNOY (Jean-Marie), notaire, administrateur du district de Château-Chinon.
* 2. CHAMPROBERT (Pierre), homme de loi à La Charité.
* 3. LE BLANC (André), vicaire épiscopal. — *Suppl. à la Lég.*

NORD

12 députés :

1. MERLIN [DE DOUAI] (Philippe-Antoine), président du tribunal criminel du Nord. — *Const.*
2. DUHEM (Pierre-Joseph), médecin, juge de paix à Lille. — *Lég.*
3. GOSSUIN (Constant-Joseph-Eugène), maire d'Avesnes, membre du directoire du département. — *Lég.*
4. COCHET (Henri-Louis-Joseph), membre du directoire de Dunkerque. — *Lég.*

5. FOCKEDEY (Jean-Jacques), médecin et président du collège à Dunkerque.
6. LESAGE SENAULT (Gaspard-Jean-Joseph), administrateur du directoire de Lille, haut-juré.
7. CARPENTIER (Antoine-François), président du district d'Hazebrouck. — *Lég.*
8. BRIEZ (Philippe-Constant-Joseph), procureur syndic du district de Valenciennes.
9. SALLENGROS (Albert-Boniface-François), officier municipal de Maubeuge. — *Lég.*
10. POULTIER (François-Martin), capitaine au deuxième bataillon des volontaires du Pas-de-Calais. — *Const.* (*Montreuil-sur-Mer*).
11. AOUST (Eustache-Jean-Marie, marquis D'), président du district de Douai. — *Const.*
12. BOŸAVAL (Charles-Louis-Laurent), administrateur du département.

4 suppléants :

1. MALLET (Charles-Philippe).
2. DERENTY (François-Marie).
* 3. CATTEY (.....), professeur à Cambrai.
* 4. RANSON (.....), accusateur public près le tribunal criminel du département.

OISE [1].

12 députés :

1. COUPÉ (Jacques-Michel), curé de Sermaize. — *Lég.*
2. CALON (Etienne-Nicolas), officier du génie. — *Lég.*
3. MASSIEU (Jean-Baptiste), évêque du département. — *Const.*
4. VILLETTE (Charles), propriétaire à Clermont.
5. MATHIEU (Jean-Baptiste-Charles), juge à Paris.
6. CLOOTS (Jean-Baptiste, dit Anacharsis), orateur du genre humain (*sic*).

[1] Thomas Paine non acceptant fut remplacé, dès le début, par Bezard, et on réunit les électeurs pour combler le vide fait ainsi parmi les suppléants. C'est alors que Lefebvre prit la place de quatrième suppléant, le 12 novembre 1792.

7. Portiez (Louis-François), homme de loi à Beauvais.
8. Godefroy (Charles-François-Marie), administrateur du district de Breteuil.
9. Paine (Thomas). — Opte pour le Pas-de-Calais.
10. Isoré (Jacques), cultivateur, président du district de Clermont.
11. Delamarre (Antoine), administrateur du département.
12. Bourdon (François-Louis), substitut de la commune de Paris.

4 suppléants :

1. Bezard (François-Siméon), chef de légion du district de Clermont.
2. Auger (Antoine-Augustin), administrateur du district de Chaumont.
3. Danjou (Jean-Pierre), procureur syndic du district de Beauvais.
* 4. Bertrand (Louis-Jacques-François de Paule), électeur de Compiègne.
* Lefebvre (.....),

ORNE [1].

10 députés :

1. Dufriche-Valazé (Charles-Éléonor), administrateur du district d'Alençon.
2. Bertrand [La Hosdinière] (Charles-Ambroise), cultivateur, administrateur du district, chef de légion.
* 3. André (Charles-Michel).
* 4. Priestley (Joseph), chimiste et philosophe anglais.

[1] André donna sa démission avant la clôture des opérations électorales; Priestley refusa plus tard le mandat; enfin Sieyes, Gorsas et Carra ayant opté pour d'autres départements, les cinq premiers suppléants se trouvèrent ainsi appelés à siéger. On crut donc nécessaire d'élire de nouveaux suppléants : Castaing et Pivant furent nommés le 18 novembre 1792. — Beaucoup de listes contemporaines portent comme onzième député de l'Orne, un certain Fenède, dont le nom ne figure point au procès-verbal des élections (voir plus loin notre liste alphabétique).

5. PLET-BEAUPREY (Pierre-François-Nicolas), administrateur du département.
6. DUBOË (Pierre-François), juge à Laigle.
7. DUGUÉ D'ASSÉ (Jacques-Claude), administrateur du département et juge.
8. SIEYES (Emmanuel-Joseph). — Opte pour la Sarthe.
9. GORSAS (Antoine-Joseph). — Opte pour Seine-et-Oise.
10. CARRA (Jean-Louis). — Opte pour Saône-et-Loire.

6 suppléants :

1. THOMAS [LA PRISE] (Charles-Jean-Étienne), procureur syndic du district de Domfront.
2. FOURMY (Jean-Denis), homme de loi à Alençon.
3. DUBOIS (Louis-Toussaint-Jullien), homme de loi à Bellesme.
4. COLOMBEL [DE BOISAULARD] (Louis-Jacques), procureur syndic de Laigle. — *Const.*
5. DESGROÜAS (Charles-François-Grégoire-Michel-Étienne), procureur de la commune de Mortagne.
6. DESRIVIERES (Jacob-Gérard), cultivateur à Carouge-la-Montagne ; père de neuf enfants.

CASTAING (Pierre), négociant à Alençon.

* PIVANT (.....), adjudant général de la garde nationale de Bellesme.

PARIS.

24 députés :

1. ROBESPIERRE [aîné] (Maximilien-Marie-Isidore). — *Const. (Arras).*
2. DANTON (Georges-Jacques), avocat, ministre de la justice.
3. COLLOT-D'HERBOIS (Jean-Marie), homme de lettres.
4. MANUEL (Pierre-Louis), procureur général syndic de la commune de Paris.
5. BILLAUD VARENNE (Jacques-Nicolas), homme de loi.
6. DESMOULINS (Benoît-Camille), avocat, journaliste.
7. MARAT (Jean-Paul), journaliste.

8. Lavicomterie (Louis-Charles de), homme de lettres.
9. Legendre (Louis), boucher.
10. Raffron [du Trouillet] (Nicolas), ancien chargé des affaires de France en Toscane (avant 1771).
11. Panis (Étienne-Jean), homme de loi.
12. Sergent (Antoine-François), graveur, officier municipal.
13. Robert (Pierre-François-Joseph), homme de lettres.
14. Dusaulx (Jean), membre de l'Académie des inscriptions. — *Lég.*
15. Freron (Stanislas-Louis-Marie), homme de lettres.
16. Beauvais [de Préau] (Charles-Nicolas), médecin. — *Lég.*
17. Fabre d'Églantine (Philippe-François-Nazaire), homme de lettres.
18. Osselin (Charles-Nicolas), avoué.
19. Robespierre [jeune] (Augustin-Bon-Joseph), administrateur du département.
20. David (Jacques-Louis), peintre.
21. Boucher (Antoine-Sauveur), électeur de la section du Théâtre-Français.
22. Laignelot (Joseph-François), homme de lettres.
23. Thomas (Jean-Jacques), licencié ès lois.
24. Égalité (Louis-Philippe-Joseph de Bourbon, duc d'Orléans, dit). — *Const.* (*Crépy*).

8 suppléants :

* 1. Lulier (Louis-Marie), homme de loi.
2. Boursault (Jean-François), directeur du théâtre de Molière.
* 3. Pache (Jean-Nicolas), ancien contrôleur de la Maison du Roi.
4. Fourcroy (Antoine-François), médecin, membre de l'Académie des sciences.
5. Bourgain (Denis-Guillaume), artiste.
6. Rousseau (Jean), un des commissaires réunis à la maison commune.
7. Vaugeois (Jean-François-Gabriel), ex-prêtre, ancien président du comité secret d'insurrection des fédérés de 1792 contre la royauté.
8. Desrues (Philippe-François), électeur du canton d'Issy.

PAS-DE-CALAIS[1].

11 députés :

1. ROBESPIERRE [aîné] (Maximilien-Marie-Isidore). — Opte pour Paris.
2. CARNOT (Lazare-Nicolas-Marguerite), officier du génie. — *Lég.*
3. DUQUESNOY (Ernest-Dominique-François-Joseph), cultivateur.— *Lég.*
4. LE BAS (Philippe-François-Joseph), homme de loi, administrateur du département.
5. PAINE (Thomas), homme de lettres et philosophe anglais.
6. PERSONNE (Jean-Baptiste), avoué à Saint-Omer.
7. GUFFROY (Amand-Benoît-Joseph), procureur du district d'Arras.
8. ENLART (Nicolas-François-Marie), président du district de Montreuil.
9. BOLLET (Philippe-Albert), maire de Cuinchy.
10. MAGNIEZ (Antoine-Guillain), administrateur du district de Bapaume.
11. DAUNOU (Pierre-Claude-François), ex-oratorien, vicaire épiscopal à Paris.

4 suppléants :

1. VARLET (Charles-Zachée-Joseph), ancien militaire, maire d'Hesdin.
2. LE BON (Gratien-François-Joseph), curé de Neuville.
3. DU BRŒUCQ (Jean-François), juge au tribunal de Saint-Omer.
4. GARNIER (Charles-Louis-Antoine-Eugène), administrateur du district de Calais.

*. GRENIER (.....), de Violaines, administrateur du département.

[1] Leguillon avait été nommé quatrième suppléant. Il refuse séance tenante et est remplacé par Garnier. Puis on procède à l'élection d'un nouveau suppléant. Grenier fut élu en place de Varlet appelé à siéger par suite de l'option de Robespierre pour Paris.

PUY-DE-DOME.

12 députés :

1. COUTHON (Georges), président du tribunal de Clermont-Ferrand. — *Lég.*
2. GIBERGUES (Pierre), prêtre. — *Lég.*
3. MAIGNET (Étienne-Christophe), administrateur du département. — *Lég.*
4. ROMME (Charles-Gilbert), cultivateur. — *Lég.*
5. SOUBRANY (Pierre-Amable), maire de Riom. — *Lég.*
6. BANCAL [DES ISSARDS] (Jean-Henry), ancien notaire.
7. GIROT [POUZOL] (Jean-Baptiste), président du tribunal d'Issoire. — *Const.*
8. RUDEL (Claude-Antoine), homme de loi, maire de Thiers.
9. ARTAULD-BLANVAL (Joseph), cultivateur.
10. MONESTIER (Jean-Baptiste-Benoît), premier vicaire épiscopal.
11. PAINE (Thomas). — Opte pour le Pas-de-Calais.
12. DULAURE (Jacques-Antoine), journaliste.

4 suppléants :

1. LALOÜE (Jean-Robin), officier retiré.
2. JOURDE (Gilbert-Amable), accusateur public.
3. CHAUTY (.....), de Clermont.
4. PÂCRÔS (Benoît-Noel), de Marsat, district d'Ambert.

PYRÉNÉES (BASSES-)[1].

6 députés :

1. SANADON (Jean-Baptiste), évêque du département.

* 2. D'HIRIART (Pierre-Eustache), procureur syndic du district d'Ustaritz.

[1] D'Hiriart, secrétaire de l'Assemblée électorale, avait d'abord accepté le mandat ; puis, il donna sa démission. Ce ne fut qu'après cette démission que Vidal fut nommé, dans une élection postérieure, pour compléter le nombre des suppléants.

3. CONTE (Antoine), procureur général syndic du département.
4. PEMARTIN (Joseph), homme de loi. — *Const.*
5. MEILLAN (Arnaud), administrateur du département.
6. CASENAVE (Antoine), administrateur du département.

2 suppléants :

1. NEVEU (Étienne), juge au tribunal de Mauléon.
2. LAA (Antoine), juge du district d'Oloron.
   VIDAL (Jean), administrateur et procureur syndic du district d'Orthez.

PYRÉNÉES (HAUTES-).

6 députés :

1. BARERE [DE VIEUZAC] (Bertrand), avocat. — *Const.*
2. DUPONT (Pierre-Charles-François), avocat. — *Const.*
3. GERTOUX (Brice), homme de loi. — *Lég.*
4. PICQUÉ (Jean-Pierre), électeur de Lourdes.
5. FERAUD (Jean).
6. LACRAMPE (Jean), homme de loi.

2 suppléants :

1. DAUPHOLE (Jean-Pierre), administrateur du département.
2. GUCHAN (Pierre), maire de Bagnères-Adour.

PYRÉNÉES-ORIENTALES.

5 députés :

1. GUITER (Joseph), maire de Perpignan.
2. FABRE (Joseph), médecin, juge de paix de Vinca.
3. BIROTTEAU (Jean-Baptiste), secrétaire du district de Perpignan.
4. MONTEGUT [aîné] (François-Étienne-Sébastien).
5. CASSANYES (Jacques-Joseph-François), administrateur du district de Perpignan.

2 suppléants :

1. Delcasso (Laurent), curé de Montlouis.
* 2. Chambon (Joseph), curé de Perpignan.

RHIN (BAS-)[1]

9 députés :

1. Rühl (Philippe), administrateur du département. — *Lég.*
2. Laurent (Claude-Hilaire), médecin, administrateur du département.
3. Bentabole (Pierre), procureur général syndic du département.
4. Dentzel (Georges-Frédéric), citoyen de Landau.
5. Louis (Jean-Antoine), administrateur du département.
* 6. Bertrand (Jean), administrateur du département.
7. Arbogast (Louis-François-Antoine), principal du collège national de Strasbourg. — *Lég.*
* 8. Depinay (.....), administrateur du district de Benfeld. — *Lég.*
9. Simond (Philibert), vicaire épiscopal.

3 suppléants :

1. Ehrmann (Jean-François), juge au tribunal de Strasbourg.
2. Christiani (Marie-Frédéric-Henri), administrateur du district de Strasbourg.
3. Grimmer (Jean-Gotthard), de Wissembourg.
* Noissette (Gaspard), officier municipal à Strasbourg, défenseur officieux à la cour martiale de l'armée.

RHIN (HAUT-).

7 députés :

1. Reubell (Jean-François), procureur général syndic du département. — *Const.*

[1] Ehrmann et Christiani ayant été appelés à siéger par suite du refus de Bertrand et de Depinay, le nombre des suppléants se trouvait réduit

2. RITTER (François-Joseph), juge au tribunal d'Altkirch. — *Lég.*
3. LA PORTE (Marie-François-Sébastien), avoué à Belfort. — *Lég.*
4. JOHANNOT (Jean), président du département.
5. PFLIEGER (Jean-Adam), maire d'Altkirch. — *Const.*
6. ALBERT l'aîné (Jean-Bernard), procureur syndic du district de Colmar. — *Const.*
7. DUBOIS (François-Louis-Esprit), officier municipal à Colmar.

3 suppléants :

1. GUITTARD (Jean-Baptiste), capitaine de gendarmerie. — *Const.*
* 2. CLAVÉ (.....), juge au tribunal d'Altkirch.
* 3. RUDLER (François-Joseph). — *Lég.*

RHONE-ET-LOIRE[1].

15 députés :

1. CHASSET (Charles-Antoine), juge à Villefranche, membre du tribunal de cassation. — *Const.*
2. DUPUY (Jean-Baptiste-Claude-Henry), juge à Montbrison. — *Lég.*
3. VITET (Louis), maire de Lyon.
* 4. PRIESTLEY (Joseph), chimiste anglais. — Voy. Orne.
5. DU BOUCHET (Pierre), médecin à Montbrison. — *Lég.*
6. BERAUD (Marcelin), juge de paix à Valbenoite. — *Suppl. à la Lég.*
7. PRESSAVIN (Jean-Baptiste), chirurgien, substitut du procureur de la commune de Lyon.
8. MOULIN (Marcelin), maire de Montagny.

à un. Noissette fut alors nommé dans une réunion postérieure du corps électoral.

[1] Les électeurs avaient nommé comme neuvième député J.-B. Peillon, suppléant à l'Assemblée législative. Il refusa par lettre immédiatement après sa nomination et fut remplacé, séance tenante et avant le vote pour les suppléants, par Lanthenas. Priestley ne refusa qu'après la clôture des opérations électorales.

9. MICHET (Antoine), juge au tribunal de Villefranche.
10. PATRIN (Eugène-Melchior-Louis), naturaliste.
11. FOREST (Jacques), juge au tribunal de Roanne.
12. POINTE cadet (Noël), ouvrier armurier à Saint-Étienne.
13. CUSSET (Joseph), négociant à Lyon.
14. JAVOGUES fils (Claude), administrateur du district de Montbrison.
15. LANTHENAS (François), médecin, premier commis à l'administration de l'instruction publique au département de l'Intérieur.

5 suppléants :

1. FOURNIER (Antoine), juge de paix de Millery.
* 2. BUIRON GAILLARD (Jean-Baptiste), maire de Villefranche.
3. NOAILLY (Pierre), médecin, maire de Chanoy.
4. BOIRON (Jean-Baptiste), juge de paix de Saint-Chamond.
* 5. BERAUD (André), maire de Bœuf.

SAONE (HAUTE-).

7 députés :

1. GOURDAN (Claude-Christophe), président du tribunal de Champlitte. — *Const.*
2. VIGNERON (Claude-Bonaventure), procureur général syndic du département.
3. SIBLOT (Claude-François-Bruno), médecin. — *Lég.*
4. CHAUVIER (Claude-François-Xavier), président du département.
5. BALIVET (Claude-François), procureur syndic du district de Gray.
6. DORNIER l'aîné (Claude-Pierre), administrateur du département.
7. BOLOT (Claude-Antoine), maire de Vesoul.

3 suppléants :

* 1. FORESTIER (.....), chef de légion du district de Gray.
* 2. HUMBLOT (Nicolas), juge de paix de Jussey.
* 3. BILLEREY (Anatoile), administrateur du département.

SAONE-ET-LOIRE.

11 députés :

1. Gelin (Jean-Marie), notaire à Charolles, administrateur du district. — *Lég.*
2. Masuyer (Claude-Louis), juge à Louhans. — *Lég.*
3. Carra (Jean-Louis), homme de lettres.
4. Guillermin (Claude-Nicolas), commandant de la garde nationale à Louhans.
5. Reverchon (Jacques), négociant à Vergisson. — *Lég.*
6. Guillemardet (Ferdinand-Pierre-Marie-Dorothée), médecin, maire d'Autun.
7. Baudot (Marc-Antoine), médecin à Charolles. — *Lég.*
8. Bertucat (Mathieu-Nicolas), maire à Paray-le-Monial.
9. Mailly (Antoine), président du département.
10. Moreau (Marie-François), ingénieur du canal de Charolais, administrateur du département.
11. Cloots (Jean-Baptiste, dit Anacharsis). — Opte pour l'Oise.

6 suppléants :

1. Mont-Gilbert (François-Agnès), notaire à Bourbon-Lancy.
2. Jacob (Claude), procureur syndic de l'administration de Marsigny.
3. Chambòrre (Jean-Baptiste), avoué à Mâcon.
4. Millard (Charles), commissaire au tribunal criminel du département.
5. Roberjot (Claude), curé de Saint-Pierre de Mâcon et administrateur du district.

* 6. Peillon le jeune (Jean-Noel), négociant à Chalon.

SARTHE[1].

10 députés :

1. Richard (Joseph-Étienne), avoué à La Flèche. — *Lég.*

[1] Le procès-verbal des élections porte que Condorcet fut élu le septième; mais il écrivit qu'il avait déjà accepté dans l'Aisne. Par suite,

2. FRANÇOIS (René-François DE LA PRIMAUDIÈRE, dit), avoué à Sablé. — *Lég.*
3. SALMON (Gabriel-René-Louis), notaire, administrateur du département. — *Lég.*
4. PHILIPPEAUX (Pierre), juge du district du Mans.
5. BOUTROUË (Laurent-Martial-Stanislas), notaire, membre du directoire du département.
6. LEVASSEUR (René), chirurgien, administrateur du district au Mans.
7. CHEVALIER (Jacques), laboureur.
8. FROGER [PLISSON] (Louis-Joseph), avoué, membre du directoire du département.
9. SIEYES (Emmanuel-Joseph), abbé. — *Const.* (*Paris*).
10. LE TOURNEUR (Emmanuel-Pierre), drapier, président du district du Mans.

4 suppléants :

1. LEHAULT (Bernard-Pierre), receveur du district de Mamers.
2. CORNILLEAU (René), notaire. — *Const.*
* 3. QUANTIN [DE BESSÉ] (Claude-Michel), président de l'administration du département.
* 4. TISON (....), notaire à Bouton, membre du conseil général.

SEINE-ET-MARNE.

11 députés :

1. MAUDUYT (François-Pierre-Ange), homme de loi.
2. BAILLY (Edme-Louis-Barthélemi), oratorien. — *Suppl. à la Lég.*
3. TELLIER (Amand-Constant), ancien avocat du Roi au bailliage du Mans. — *Const.*
4. CORDIER (Michel-Martial), juge de paix à Coulommiers.
5. VIQUY (Jean-Nicolas), maire de Bray-sur-Seine.

et selon une décision prise par les électeurs, Le Tourneur nommé d'abord premier suppléant devient député, et on élit Tison pour compléter le nombre des suppléants.

6. Geoffroy jeune (Marie-Joseph), officier municipal à Fontainebleau.
7. Bernard [des Sablons] (Claude), officier municipal à Moret.
8. Himbert (Louis-Alexandre), maire de La Ferté-sous-Jouarre.
9. Opoix (Christophe), apothicaire, officier municipal à Provins.
10. Defrance (Jean-Claude), médecin à Rozoy-sur-Brie.
11. Bernier (Louis-Toussaint-Cécile), homme de loi à Meaux.

11 suppléants :

1. Bezout (Étienne-Louis), administrateur du district de Nemours.
* 2. Petithomme (Jean-Baptiste), administrateur du département.
* 3. Guyardin (Simon-Nicolas), ex-grand vicaire épiscopal, administrateur du département.
* 4. Vacheron (Jacques-Théodore), administrateur du département.
* 5. Galand (Pierre-Sébastien), administrateur du district de Meaux.
* 6. Laborde (.....), administrateur du département.
* 7. Marest (Étienne), ex-vicaire épiscopal.
* 8. Le Preux [Poincy] (Louis-François), marchand à La Ferté-sur-Marne, administrateur du district de Meaux.
* 9. Pichonnier (Romain).
*10. Frager (Claude), cultivateur à Ebly.
*11. Chapelle (Jean-André), administrateur du directoire du département.

SEINE-ET-OISE [1].

14 députés :

1. Lecointre (Laurent), commandant de la garde nationale à Versailles, administrateur du département. — *Lég.*

[1] L'élection de Barere dans les Hautes-Pyrénées et son option pour ce département laissa une place vacante occupée de suite par Dupuis, ce

2. HAUSSMANN (Nicolas), négociant. — *Lég.*
3. BASSAL (Jean), curé de Saint-Louis. — *Lég.*
4. ALQUIER (Charles-Jean-Marie), président du tribunal criminel du département. — *Const.* (*La Rochelle*).
5. GORSAS (Antoine-Joseph), journaliste.
6. AUDOUIN (Pierre-Jean), journaliste.
7. TREILHARD (Jean-Baptiste), avoué. — *Const.* (*Paris*).
8. ROY (Denis), cultivateur et juge de paix à Argenteuil.
9. TALLIEN (Jean-Lambert), journaliste, membre de la commune de Paris.
10. HÉRAULT [SECHELLES] (Marie-Jean), commissaire du Roi près la cour de cassation. — *Lég.* (*Paris*).
11. MERCIER (Louis-Sébastien), homme de lettres.
12. KERSAINT (Armand-Gui-Simon), officier de marine. — *Lég.* (*Paris*).
13. BARERE [DE VIEUZAC] (Bertrand). — Opte pour les Hautes-Pyrénées.
14. CHENIER (Marie-Joseph DE), homme de lettres.

6 suppléants :

1. DUPUIS (Charles-François), de l'Académie des Inscriptions.
* 2. GROUVELLE (Philippe-Antoine), secrétaire du conseil exécutif provisoire.
* 3. LAGRANGE (Joseph-Louis), géomètre, naturalisé Français.
4. RICHAUD (Hyacinthe), maire de Versailles.
5. VENARD (Henry-Etienne), haut-juré.
6. GOUJON (Jean-Marie-Claude-Alexandre), procureur général syndic provisoire du département.

SEINE-INFÉRIEURE[1].

16 députés :

1. ALBITTE (Antoine-Louis), homme de loi à Dieppe. — *Lég.*

qui nécessita la nomination d'un suppléant en sus du nombre réglementaire. Le procès-verbal des élections de Seine-et-Oise n'est pas aux Archives nationales.

[1] Prevost d'Ocleville, élu quinzième député, refuse par lettre et est

2. POCHOLLE (Pierre-Pomponne-Amédée), maire de Dieppe. — *Suppl. à la Lég.*
3. HARDY (Antoine-François), médecin à Rouen.
4. YGER (Jean-Baptiste), juge au tribunal de Cany.
5. HECQUET (Charles-Robert), maire de Caudebec.
6. DUVAL (Jean-Pierre), greffier du bureau central des juges de paix à Rouen.
7. VINCENT (Pierre-Charles-Victor), administrateur de district à Neufchâtel.
8. FAURE (Pierre-Joseph-Denis-Guillaume), juge au tribunal du Havre.
9. LEFEBVRE (Pierre-Louis-Stanislas), receveur de district à Gournay.
10. BLUTEL (Charles-Auguste-Esprit-Rose), juge de paix à Rouen.
11. BAILLEUL (Jacques-Charles), juge de paix au Havre.
12. MARIETTE (Jacques-Christophe-Luc), juge de paix à Rouen.
13. DOUBLET (Pierre-Philippe), cultivateur à Londinières.
14. RUAULT (Alexandre-Jean), curé d'Yvetot. — *Suppl. à la Lég.*
15. BOURGOIS (Jacques-François-Augustin), juge au tribunal de Neufchâtel.
16. DELAHAYE (Jacques-Charles-Gabriel), avoué à Caudebec.

6 suppléants :

1. LECOMTE (Pierre), substitut du procureur de la commune à Rouen.
2. REVEL (François-Bernard), administrateur du département, juge à Veusles.
3. ALBITTE [jeune] (Jean-Louis), administrateur du département.
* 4. GRANDIN (Jacques-Pierre), administrateur du département.
* 5. ROUSSELET (.....), commandant en second du 8ᵉ bataillon de la Seine-Inférieure.
* 6. ARVERS (Charles-François), substitut de l'agent national de la commune de Rouen.

remplacé, le lendemain matin, par Riaux, greffier du tribunal de commerce, qui, à son tour, n'accepte pas. C'est seulement alors que les électeurs nomment Le Bourgois ou Bourgois, car on trouve les deux formes.

SÈVRES (DEUX-).

7 députés :

1. LECOINTE PUYRAVEAU (Michel-Mathieu), administrateur du département. — *Lég.*
2. JARD-PANVILLIER (Louis-Alexandre), médecin, procureur général syndic du département. — *Lég.*
3. AUGUIS (Pierre-Jean-Baptiste), président du tribunal de Nielle. — *Lég.*
4. DUCHASTEL (Gaspard-Sevrin), chef de légion à Thouars.
5. DUBREÜIL [CHAMBARDEL] (Pierre), administrateur du département. — *Lég.*
6. LOFFICIAL (Louis-Prosper), juge au tribunal de Parthenay. — *Const.*
7. COCHON [LAPPARENT], ex-conseiller au présidial de Fontenay-le-Comte. — *Const.*

3 suppléants :

1. CHAUVIN [HERSAULT] (François-Augustin), administrateur du département et accusateur public près le tribunal criminel.

* 2. BRIAULT (Jacques), avocat. — *Const.*

* 3. SIONNEAU (Robert-Louis), juge à Parthenay.

SOMME [1].

13 députés :

1. SALADIN (Jean-Baptiste-Michel), juge à Amiens. — *Lég.*

[1] Aucune élection ne présente autant de complications que celle de la Somme. Le département avait droit à treize députés. L'élection des députés terminée, De Launai de Mailly, nommé le quatrième, refusa pour cause de santé, et Carra, élu le sixième, annonça qu'il avait opté pour Saône-et-Loire. On les remplaça, séance tenante et avant de nommer les suppléants, par Delecloy et Sillery. Puis, les électeurs révoquèrent Hourier Eloy et Dufestel qu'ils venaient de nommer et élurent pour les remplacer Hérault Sechelles et Roland; mais, par la suite, le premier opta pour Seine-et-Oise, et Roland, étant ministre, refusa le mandat de député. Le 1er octobre 1792, l'élection d'Hourier Eloy et de Dufestel fut validée par la Convention, et François ayant remplacé le même jour Merlin de Thionville, qui n'avait fait savoir son option pour la Moselle qu'après l'élection, la députation de la Somme se trouva au complet avec treize députés.

2. RIVERY (Louis), cultivateur, administrateur du département. — *Lég.*
3. MERLIN [DE THIONVILLE] (Antoine). — Opte pour la Moselle.
4. GANTOIS (Jean-François), cultivateur à Fresnoy.
5. DUMONT (André), administrateur du district d'Amiens.
6. ASSELIN (Eustache-Benoît), juge à Péronne.
7. HOURIER ELOY (Charles-Antoine).
8. LOUVET (Pierre-Florent), juge au tribunal de Montdidier. — *Lég.*
9. DUFESTEL (Jean-François), cultivateur; père de onze enfants.
10. MARTIN [SAINT-ROMAIN] (Jean-Baptiste). — *Suppl. à la Lég.*
11. DEVÉRITÉ (Louis-Alexandre), imprimeur à Abbeville.
12. DELECLOY (Jean-Baptiste-Joseph), juge de paix à Doullens.
13. SILLERY (Charles-Alexis BRULART, marquis DE), maréchal de camp. — *Const.* (*Reims*).

HÉRAULT [SECHELLES] (Marie-Jean). — Opte pour Seine-et-Oise.

* ROLAND (Jean-Marie), ministre de l'Intérieur.

4 suppléants :

1. FRANÇOIS (Landry-François-Adrien).
2. SCELLIER (Gérard), marchand de draps à Amiens.
3. DEQUEN [BOULANGER] (Honoré-François), canonnier volontaire.
4. VASSEUR (Alexandre).

TARN.

9 députés :

1. LASOURCE (Marc-David-Albin), ministre protestant. — *Lég.*
2. LACOMBE SAINT-MICHEL (Pierre-Jean), officier d'artillerie. — *Lég.*
3. SOLOMIAC (Pierre), président du tribunal criminel du département.
4. CAMPMAS (Pierre-Jean-Louis), administrateur du département. — *Const.*
5. MARVEJOULS (Pierre-Stanislas), administrateur du district de Gaillac.

6. DAUBERMESNIL (François-Antoine), électeur de Castres.
7. GOUZY (Jean-Paul-Louis). *Lég.*
8. ROCHEGUDE (Henri-Pascal). — *Const.*
9. MEYER (Jean-Baptiste), administrateur du département. — *Suppl. à la Lég.*

3 suppléants :

1. TERRAL (Joseph), administrateur du département.
2. DELTEL (Jean), électeur de Cordes.
3. TRIDOULAT (Louis-Gaspard), d'Alby.

VAR [1].

8 députés :

1. ESCUDIER (Jean-François), juge de paix à Toulon.
2. CHARBONNIER (Joseph), premier commis aux comptes des vivres de la marine.
3. RICORD (Jean-François), maire de Grasse, avocat.
4. ISNARD (Maximin), négociant. — *Lég.*
5. DESPINASSY (Antoine-Joseph-Marie), capitaine d'artillerie dans les colonies. — *Lég.*
6. ROUBAUD (Jean-Louis), médecin à Tourvès. — *Lég.*
7. ANTIBOUL (Charles-Louis), avoué à Saint-Tropez.
8. DUBOIS DE CRANCÉ (Edmond-Louis-Alexis). — Opte pour les Ardennes.

3 suppléants :

1. BARRAS (Paul), haut juré.

* 2. RICARD [DE SÉALT] (Xavier), avocat. — *Const.*

3. CRUVÉS (Antoine), électeur de Lorgues.

* LECLERC (Michel-Joseph), électeur d'Hyères.

[1] Dubois de Crancé, nommé le huitième, accepta de vive voix et remercia les électeurs. Ce n'est qu'après la clôture des opérations électorales du Var qu'il opta pour les Ardennes et fut remplacé par Barras. Alors fut complété le nombre des suppléants par l'élection de Leclerc.

VAUCLUSE[1].

2 députés :

1. ROVERE (Joseph-Stanislas-François-Xavier-Alexis). — *Lég.* (Voy. Bouches-du-Rhône.)
2. OLIVIER GERENTE (Joseph-Fiacre). — *Lég.* (Voy. Drôme.)

VENDÉE.

9 députés :

1. GOUPILLEAU [DE FONTENAY] (Jean-François-Marie), secrétaire du tribunal criminel du département. — *Const.*
2. GOUPILLEAU [DE MONTAIGU] (Philippe-Charles-Aimé), procureur syndic du district de Montaigu. — *Lég.*
3. GAUDIN (Joseph-Marie-Jacques-François), maire des Sables-d'Olonne. — *Lég.*
4. MAIGNEN (François), administrateur du district de Châtaigneraye. — *Lég.*
5. FAYAU (Joseph-Pierre-Marie), administrateur du département.
6. MUSSET (Joseph-Mathurin), curé de Falleron. — *Lég.*
7. MORISSON (Charles-François-Gabriel), administrateur du département. — *Lég.*
8. GIRARD [VILLARS] (Charles-Jacques-Étienne), président du département.
9. GAROS (Louis-Julien), juge de paix à Fontenay.

3 suppléants :

* 1. MARTINEAU (Ambroise-Jean-Baptiste), homme de loi à Sainte-Hermine.
* 2. ARNAULT (Jacques), homme de loi à Paris.
* 3. MERCIER (André-Charles-François), administrateur du département. — *Suppl. à la Lég.*

[1] Le département de Vaucluse fut formé en vertu d'un décret de la Convention du 25 juin 1793 (p. 293 du procès-verbal imprimé).

VIENNE.

8 députés :

1. Piorry (Pierre-François), administrateur du département. — *Lég.*
2. Ingrand (François-Pierre), administrateur du département. — *Suppl. à la Constituante ; Lég.*
3. Dutrou [Bornier] (Jean-Félix), accusateur public à Poitiers. — *Const.*
4. Martineau (Louis), juge au tribunal de Châtellerault. — *Lég.*
5. Bion (Jean-Marie), maire de Loudun. — *Const.*
6. Creuzé [Latouche] (Jacques-Antoine), ex-lieutenant général de la sénéchaussée de Châtellerault. — *Const.*
7. Thibaudeau (Antoine-Claire), procureur syndic de la commune de Poitiers. — *Const.*
8. Creuzé (Michel-Pascal), maire de Poitiers.

3 suppléants :

* 1. Texier (.....), juge au tribunal de Montmorillon. — *Suppl. à la Lég.*
* 2. Pontenier (.....).
* 3. Lagodrie (.....).

VIENNE (HAUTE-).

7 députés :

1. Lacroix (Jean-Michel), procureur syndic du district de Bellac.
2. Lesterpt [Beauvais] (Benoît), receveur du district de Dorat. — *Const.*
3. Bordas (Pardoux), président du tribunal du district de Saint-Yrieix. — *Lég.*
4. Gay-Vernon (Léonard), évêque du département. — *Lég.*
5. Faye (Gabriel), administrateur du département. — *Lég.*
6. Rivaud (François), lieutenant de la gendarmerie de Dorat.

7. SOULIGNAC (Jean-Baptiste), procureur syndic du district de Limoges.

3 suppléants :

1. LESTERPT [aîné] (Jacques), président du tribunal de Dorat. — *Const.*
* 2. DUMAS (Pierre), président du tribunal criminel.
* 3. GENTY (François-Xavier), juge à Bellac.

VOSGES [1].

8 députés :

1. POULLAIN-GRANDPREY (Joseph-Clément), procureur général syndic du département.
* 2. FRANÇOIS DE NEUFCHATEAU (Nicolas). — *Suppl. à la Constituante; Lég.*
3. HUGO (Joseph), administrateur du département.
4. PERRIN (Jean-Baptiste), président du département.
5. NOËL (Jean-Baptiste), procureur syndic du district de Remiremont.
6. SOUHAIT (Joseph-Julien), maire de Saint-Dié.
7. BRESSON (Jean-Baptiste-Marie-François), administrateur du district de Darney. — *Suppl. à la Lég.*
8. COUHEY (François), juge au tribunal de Neufchâteau.

3 suppléants :

1. BALLAND (Charles-André), procureur syndic du district de Bruyères. — *Suppl. à la Lég.*
2. CHERRIER (Jean-Claude), président du tribunal de Neufchâteau. — *Const.*
* 3. MARTIN (Nicolas-Félix), juge du district de La Marche.
FRICOT (François-Firmin), électeur de Remiremont. — *Const.*

[1] François de Neufchâteau envoya son refus dans une lettre datée du 10 septembre, alléguant sa santé et l'incompatibilité existant, d'après lui, entre les mandats de député à l'Assemblée législative et de Conventionnel. A la suite de cette démission, le premier suppléant fut appelé et le nombre des suppléants complété, le 11 novembre, par l'élection de Fricot.

YONNE.

9 députés :

1. MAURE aîné (Nicolas), épicier à Auxerre, administrateur du département.
2. LEPELETIER [DE SAINT-FARGEAU] (Louis-Michel), président du département. — *Const.* (*Paris.*)
3. TURREAU (Louis), administrateur du département. — *Suppl. à la Lég.*
4. BOILLEAU (Jacques), juge de paix à Avallon.
5. PRECY (Jean), juge de paix d'Aillant, administrateur du département.
6. BOURBOTTE (Pierre), administrateur du département.
7. HERARD (Jean-Baptiste), vice-président du district de Sens.
8. FINOT (Étienne), administrateur du district de Saint-Florentin.
9. CHASTELLAIN (Jean-Claude), administrateur du district de Sens.

3 suppléants :

1. VILLETARD [PRUNIÈRES] (Edme-Pierre-Alexandre), membre du tribunal de commerce à Auxerre.

* 2. BOILLEAU aîné (Jean-Pierre-Edme), administrateur du district d'Avallon.

3. JEANNEST [LA NOÜE] l'aîné (Pierre-Edme-Nicolas), administrateur du district de Saint-Florentin. — *Const.*

COLONIES.

CAYENNE ET GUYANE FRANÇAISE.

1 député :

POMME (André).

1 suppléant :

BAGOT (Jean-Baptiste).

ILE-DE-FRANCE.

2 députés (pas de suppléant) :

1. GOULY (Benoît-Louis).
2. SERRES (Jean-Jacques).

MARTINIQUE.

4 députés :

1. DUGOMMIER (Jean-François-Coquille), officier.
2. CRASSOUS [DE MEDEUIL] (Jean-Augustin).
* 3. ARNAUD [DE CORIO].
4. LITTÉE (Janvier).

2 suppléants [1] :

1. FOURNIOLS (Michel).
* 2. RUSTE (....)
* MAURICE (Jean-Pierre-Nicolas).

GUADELOUPE.

4 députés :

1. DUPUCH (Élie-Louis).
* 2. GUILLERMIN (.....)
* 3. SABATHIER SAINT-ANDRÉ (....)
4. PAUTRIZEL (Louis-Jean-Baptiste).

2 suppléants :

1. LION (Pierre-Joseph).
* 2. CURCIER (....)

[1] Le procès-verbal d'élection ne donne que les noms de Fourniols et de Ruste, tandis qu'au registre d'inscription des Archives on ne voit figurer que le nom de Maurice, élu avant la clôture des opérations électorales pour remplacer au besoin Fourniols, qui se trouvait alors en route pour revenir à la Martinique.

ILE DE LA RÉUNION[1] (ci-devant BOURBON).

2 députés :

* 1. LEMARCHAND (Nicolas-Anne).
2. BESNARD (Pierre-Charles-Emmanuel).

2 suppléants :

1. DETCHÉVERRY (Jean-Baptiste).
* 2. LARABIT (Denis-Pierre).

PROVINCE DU NORD DE SAINT-DOMINGUE AU CAP[2].

6 députés :

1. BELLEY (Jean-Baptiste).
2. DUFAŸ (Louis-Pierre).
3. BOISSON (Joseph).
4. GARNOT (Pierre-Nicolas).
5. MILLS (Jean-Baptiste).
* 6. RECHIN (....)

3 suppléants :

1. LAFORÊST [BUSSIÈRE] aîné (Étienne).
* 2. CHAVANE (Marc).
* 3. RICHEBOURG (.....)

[1] Le procès-verbal imprimé de la Convention (1er ventôse an III, page 5) annonce l'admission, comme représentant de la Réunion, de Pierre-Charles-Emmanuel-Bernard Second. Il s'agit évidemment de Besnard, élu second député de la Réunion, comme on le voit ici.

[2] Rechin, sixième député, envoya sa démission le 20 octobre 1793 et ne siégea pas. Il fut remplacé par Laforêst le 5 fructidor an III. Belley, Dufaÿ et Mills figurent seuls parmi les députés présents le 30 prairial an II.

Suppléants omis dans la liste précédente.

BOUCHES-DU-RHONE :

* LE ROI D'EMBLEVILLE, nommé suppléant dans une élection complémentaire et condamné à mort par le tribunal révolutionnaire avant le 11 floréal an II.

CHARENTE :

* GABORIAUD DE SUBLINS (....), nommé dans une élection complémentaire en novembre 1792, après l'appel de Maulde en remplacement de Carra.

Ces deux députés suppléants, nommés plusieurs semaines après les élections générales, ne figurent pas sur les procès-verbaux d'élection adressés à l'Assemblée. Leur nom ne nous a été révélé que par les dossiers du comité des décrets relatifs aux suppléants.

LISTE DES DÉPUTÉS

ET DES SUPPLÉANTS

A LA

CONVENTION NATIONALE

PAR ORDRE ALPHABÉTIQUE DE NOMS

La liste alphabétique offre, avec leur véritable orthographe, les noms de tous les députés ou suppléants élus à la Convention, qu'ils aient ou non siégé, et même ceux des députés ayant envoyé leur démission avant la clôture des opérations électorales.

On a adopté l'orthographe des signatures officielles et particulièrement de celles qui figurent au registre d'inscription aux Archives (voir l'Avertissement). Beaucoup de députés ont modifié leur signature antérieure pendant la période révolutionnaire. Il était impossible de présenter ici l'historique de toutes ces transformations. Mais on a cru indispensable de joindre au nom souvent abrégé du signataire le complément qui l'accompagne ordinairement, complément parfois nécessaire pour le rendre reconnaissable. Ainsi, *Boissy d'Anglas* signe pendant la Convention *Boissy*. Dans ce cas, nous avons complété le nom en ajoutant entre [ ] la partie retranchée par le signataire. Ainsi nous imprimons : BOISSY [D'ANGLAS].

Les notes de cette table mentionnent les changements survenus dans la situation du député pendant la durée de la Convention : démission, appel de suppléant, mort naturelle ou mort violente, arrestation prolongée.

Le signe * placé devant un nom indique les députés ou suppléants qui n'ont jamais pris part aux travaux de l'Assemblée.

Tous ces renseignements sont empruntés à des documents officiels, surtout aux procès-verbaux imprimés de la Convention auxquels on renvoie, quand il y a lieu, en indiquant seulement la page ; la date permet de retrouver aisément le volume. Sans la table encore inédite de ces procès-verbaux, il nous eût été impossible de grouper ces détails indispensables pour déterminer la composition exacte de l'Assemblée aux différentes époques de son existence.

On avait songé un moment à introduire dans le présent tableau les députés apocryphes portés sur certaines listes contemporaines (Joel Barscow, Cavenelle, etc.). Mais il a semblé plus rationnel d'exclure de la liste actuelle la plupart des noms ajoutés indûment ou travestis par les historiens. Cette partie supplémentaire n'eût jamais été complète. Sauf erreur ou omission, les noms figurant sur d'autres listes et non portés sur celle-ci, n'appartiennent pas à des Conventionnels. Il sera d'ailleurs possible, à l'aide de notre double nomenclature, de remonter au véritable nom des députés quand ils ont été dénaturés par les historiens ou les imprimeurs.

A

*AGNÈS (.....), *Manche* [1].
ALARD (Pierre), *Haute-Garonne* [2].
ALBERT l'aîné (Jean-Bernard), *Haut-Rhin*.
ALBITTE (Antoine-Louis), *Seine-Inférieure* [3].
ALBITTE [le jeune] (Jean-Louis), *Seine-Inférieure* [4]
ALBOUYS (Barthélemy), *Lot*.
ALLAFORT (Jean), *Dordogne*.
ALLASŒUR (Pierre), *Cher*.
*ALMERAS LA TOUR (François-Joseph), *Isère* [5].
ALQUIER (Charles-Jean-Marie), *Seine-et-Oise*.
*AMADE (.....), *Gers* [6].
AMAR (Jean-Pierre-André), *Isère*.
AMYON (Jean-Claude), *Jura* [7].
*ANDRÉ (Charles-Michel), *Orne* [8].
ANDREI (Antoine-François), *Corse* [9].

[1] 3e suppléant ; n'a pas siégé ; mort avant le 8 floréal an II.

[2] 2e suppléant; admis le 16 thermidor an II, en remplacement de Julien (Voy. proc.-verb., p. 5).

[3] Élu dans l'Eure et la Seine-Inférieure, est remplacé dans l'Eure par Bouillerot.

[4] 3e suppléant; admis le 25 frimaire an II, en remplacement de Doublet (Voy. proc.-verb., p. 217).

[5] 2e suppléant. Son admission est prononcée le 5 floréal an III (p. 86). Il était mort à cette date, après avoir été suspendu de ses fonctions le 27 juin 1793, suivant une déclaration en date du 25 prairial an III. Decomberousse fut appelé à le remplacer.

[6] 2e suppléant ; traduit à la barre de la Convention le 18 juillet 1793 (p. 281), et mis en état d'arrestation ; n'a pas siégé.

[7] Un des 73 ; rappelé le 18 frimaire an III (p. 61).

[8] N'accepte pas ; remplacé par Thomas. Est appelé Claude-Michel sur la liste de l'Assemblée législative.

[9] Traduit devant le Tribunal révolutionnaire le 3 octobre 1793 (p. 57); s'évade; est remplacé par Arrighi le 1er ventôse an II (V. proc.-verb., p. 2).

ANTHOINE (Claude-Xavier GARNIER), *Meuse*. — Voy. GARNIER-ANTHOINE.

ANTHOINE (François-Paul-Nicolas), *Moselle*[1].

ANTIBOUL (Charles-Louis), *Var*[2].

AOUST (Eustache-Jean-Marie, marquis D'), *Nord*.

ARBOGAST (Louis-François-Antoine), *Bas-Rhin*.

ARMONVILLE (Jean-Baptiste), *Marne*.

*ARNAUD [DE CORIO] (....), *Martinique*[3].

*ARNAULT (Jacques), *Vendée*[4].

ARRIGHY (Jean-Marie), *Corse*[5].

ARTAULD BLANVAL (Joseph), *Puy-de-Dôme*.

*ARVERS (Charles-François), *Seine-Inférieure*[6].

ASSELIN (Eustache-Benoît), *Somme*[7].

*ASSELINE (........), *Meuse*[8].

AUBRY (François), *Gard*[9].

AUDOUIN (Pierre-Jean), *Seine-et-Oise*.

AUDREIN (Yves-Marie), *Morbihan*.

AUGER (Antoine-Augustin), *Oise*[10].

AUGUIS (Pierre-Jean-Baptiste), *Deux-Sèvres*.

AŸRAL (Louis-Bernard), *Haute-Garonne*.

AZEMA (Michel), *Aude*.

B

BABEY (Pierre-Athanase-Marie), *Jura*[11].

[1] Mort entre le 21 et le 26 août 1793 (V. proc.-verb., p. 305); remplacé par Karcher, à défaut de Boulay qui était en arrestation, le 24 octobre 1793 (Voy. proc.-verb., p. 66).

[2] Condamné à mort le 9 brumaire an II; remplacé par Cruvès le 23 nivôse suivant.

[3] Elu troisième député de la Martinique; ne siégea pas.

[4] 2e suppléant. Il signa au registre des Archives le 25 septembre 1792 : Jacques Arnault; mais aucun des suppléants de la Vendée ne fut appelé.

[5] 1er suppléant; remplace Andrei, arrêté et en fuite, le 1er ventôse an II (Voy. proc.-verb., p. 2).

[6] Sixième suppléant; n'a pas siégé.

[7] Mort le 15 frimaire an II; remplacé, le 1er pluviôse, par Vasseur (Voy. proc.-verb., p. 11).

[8] 2e suppléant; mort avant le 14 août 1793; n'a pas siégé.

[9] Un des 73; rappelé le 18 frimaire an III.

[10] 2e suppléant; remplace, le 19 août 1793 (Voy. p. 105), Villette décédé le 11 juillet.

[11] Un des 73; rappelé le 18 frimaire an III.

*BABY (Jean-François), *Ariège* [1].
*BAGOT (Jean-Baptiste), *Cayenne et Guyane* [2].
BAILLE (Pierre-Marie), *Bouches-du-Rhône* [3].
BAILLEUL (Jacques-Charles), *Seine-Inférieure* [4].
BAILLY (Edme-Louis-Barthélemi), *Seine-et-Marne*.
*BAL (Joseph-Marie), *Mont-Blanc* [5].
BALIVET (Claude-François), *Haute-Saône*.
BALLA (Joseph-François), *Gard* [6].
BALLAND (Charles-André), *Vosges* [7].
BALMAIN (Jacques-Antoine), *Mont-Blanc* [8].
*BALPT ou BALP (..........), *Hérault* [9].
BANCAL [DES ISSARDS] (Jean-Henry), *Puy-de-Dôme* [10].
BAR (Jean-Étienne), *Moselle* [11].
BARAILON (Jean-François), *Creuse*.
BARBAROUX (Charles-Jean-Marie), *Bouches-du-Rhône* [12].
BARBEAU DU BARRAN (Joseph-Nicolas), *Gers*.
BARDY (François), *Haute-Loire* [13].
BARERE [DE VIEUZAC] (Bertrand), *Hautes-Pyrénées* [14].

1 2e suppléant; n'a pas siégé.

2 Suppléant; appelé le 10 avril 1793 (voy. p. 194); paraît n'avoir pas siégé.

3 Mort en prison à Toulon, avec Beauvais, entre le 11 septembre et le 9 octobre 1793 (Voy. proc. verb., p. 222).

4 Un des 73; rappelé le 18 frimaire an III.

5 Écrit pour donner sa démission le 9 mars 1793, ayant opté pour les fonctions de procureur syndic; remplacé par Dumas, de Moutiers.

6 Il était de Valleraugue et donna sa démission pour cause de santé et de vieillesse le 1er avril 1793; remplacé par Chambon Latour.

7 1er suppléant; remplace François de Neufchâteau qui n'accepte pas.

8 Se présente aux Archives le 24 mars 1793.

9 2e suppléant; destitué comme administrateur; n'a pas siégé. Inscrit aux Archives, ne s'est pas présenté et n'a pas signé.

10 Livré aux Autrichiens par Dumouriez, le 3 avril 1793; mis en liberté, le 4 nivôse an IV.

11 1er suppléant; remplace Barthelemi, démissionnaire; se présente au Archives le 23 octobre 1792.

12 Mis en arrestation le 2 juin 1793; remplacé, le 20 août, par Bernard (Marc-Antoine), (Voy. proc. verb., p. 105); exécuté à Bordeaux le 7 messidor an II.

13 3e suppléant; appelé par la voie du sort le 5 floréal an III. (Voy. proc. verb., p. 86).

14 Élu dans Seine-et-Oise et les Hautes-Pyrénées; est remplacé dans Seine-et-Oise par Dupuis.

BARETY (Pierre), *Hautes-Alpes*[1].
BARRAS (Paul-François-Jean-Nicolas), *Var*[2].
BARROT (Jean-André), *Lozère*.
BARTHELEMY (Jean-André), *Haute-Loire*[3].
*BARTHELEMY (Nicolas), *Moselle*[4].
BASIRE (Claude), *Côte-d'Or*[5].
BASSAL (Jean), *Seine-et-Oise*.
BATTELLIER (Jean-César), *Marne*.
BAUCHETON (François), *Cher*.
BAUDIN (Pierre-Charles-Louis), *Ardennes*.
BAUDOT (Marc-Antoine), *Saône-et-Loire*.
BAUDRAN (Mathieu), *Isère*.
BAYLE (Moyse), *Bouches-du-Rhône*[6].
BAZOCHE (Claude-Hubert), *Meuse*.
BEAUCHAMP (Joseph), *Allier*.
BEAUGEARD (Pierre-Jean-Baptiste), *Ille-et-Vilaine*.
BEAUPREY (Pierre-François-Nicolas PLET-), *Orne*. — Voy. PLET-BEAUPREY.
BEAUVAIS [DE PRÉAU] (Charles-Nicolas), *Paris*[7].
BECKER (Joseph), *Moselle*.
BEFFROY (Louis-Étienne), *Aisne*.
BELIN (Jean-François), *Aisne*.
BELLEGARDE (Antoine DUBOIS DE), *Charente*[8].

1 Démissionnaire le 7 juillet 1793, est remplacé par Chauvet. (Voy. proc. verb., p. 248).

2 1er suppléant, remplace Dubois de Crancé optant pour les Ardennes.

3 1er suppléant, remplace Lanthenas qui opte pour Rhône-et-Loire; démissionnaire le 1er complémentaire an III. (Voy. proc. verb., p. 290).

4 Démissionnaire le 7 octobre 1792 (lettre jointe au dossier); remplacé par Bar, 1er suppléant. — Ne siégea pas.

5 Mis à mort le 14 germinal an II; remplacé, le 27 germinal an II, par Edouard qui est admis le 26 floréal.

6 Décrété d'arrestation le 16 germinal an III.

7 Fait prisonnier à Toulon avec Baille, Beauvais passa pour mort lors de la reprise de la ville. Puis, on le retrouva vivant, mais très affaibli par les mauvais traitements qu'il avait subis. Il mourut quelques mois après, à Montpellier, vers le 18 germinal an II. La Convention décerna de grands honneurs à sa mémoire. (Voyez les procès-verbaux des 11 oct. 1793, p. 252; 23 oct., p. 47; 5 frimaire an II, p. 150; 5 nivôse, p. 91; 7 nivôse, p. 131; 25 nivôse, p. 238; 10 germinal an II, p. 2; 18 germinal, p. 47, 60; 19 germinal, p. 83).

8 Signe au registre des Archives, le 26 septembre 1792 : De Bellegarde, puis, en l'an III : Bellegarde.

BELLEY (Jean-Baptiste), *Saint-Domingue*[1].
*BELVIALA (LAPORTE), *Lozère*. — Voy. LAPORTE.
*BENAZET ROQUELORY, *Aude*. — Voy. ROQUELORY.
*BENOISTON (Jean-Marie), *Loire-Inférieure*[2].
BENTABOLE (Pierre), *Bas-Rhin*.
BERAUD (Marcelin), *Rhône-et-Loire*.
*BERAUD (André), *Rhône-et-Loire*[3].
*BERGIER (Jean-Baptiste), *Creuse*[4].
BERGOEING aîné (François), *Gironde*[5].
BERLIER (Théophile), *Côte-d'Or*.
BERNARD (André-Antoine), *Charente-Inférieure*.
BERNARD [DES SABLONS] (Claude), *Seine-et-Marne*.
BERNARD [DE SAINT-AFFRIQUE] (Louis), *Aveyron*.
BERNARD (Marc-Antoine), *Bouches-du-Rhône*[6].
*BERNARDIN DE SAINT-PIERRE (Jacques-Henri), *Loir-et-Cher*. — Voy. SAINT-PIERRE.
BERNIER (Louis-Toussaint-Cécile), *Seine-et-Marne*.
BERTEZENE (Jean-Étienne), *Gard*[7].
BERTRAND (Antoine), *Cantal*[8].
*BERTRAND (Jean), *Bas-Rhin*[9].
*BERTRAND (Louis-Jacques-François de Paule), *Oise*[10].
BERTRAND [LA HOSDINIÈRE] (Charles-Ambroise), *Orne*[11].
BERTUCAT (Mathieu-Nicolas), *Saône-et-Loire*.

[1] Se présente aux Archives le 15 pluviôse an II. (Voy. proc.-verb. p. 353).

[2] 3e suppléant; en état d'arrestation, n'a pas siégé.

[3] 5e suppléant; ne figure pas sur les listes des députés du département, mais seulement sur le registre d'inscription des Archives où il n'a pas signé. — N'a pas siégé.

[4] 2e suppléant. N'a pas siégé.

[5] 4e suppléant; appelé dès le début par suite de l'option de Sieyes et de Condorcet pour d'autres départements. Déclaré traître à la patrie avec les Girondins, le 28 juillet 1793 (V. proc. verb., p. 333)

[6] 5e suppléant; remplace Barbaroux le 20 août 1793 (p. 106); mis en arrestation le 29 brumaire an II, (p. 328) et condamné à mort par le tribunal révolutionnaire le 3 pluviôse an II.

[7] 1er suppléant; remplace Tavernel, démissionnaire, le 13 janvier 1793.

[8] 2e suppléant; remplace Peuvergne, démissionnaire, le 10 avril 1793.

[9] Envoie sa démission par lettre, le 11 septembre 1792; remplacé par Ehrmann.

[10] 4e suppléant. Ne semble pas avoir siégé. Pourtant il a signé au registre des Archives le 18 pluviôse an III.

[11] Démissionnaire le 29 juillet 1793; remplacé par Desrivières, qui est admis le 29 août.

BESNARD (Pierre-Charles-Emmanuel), *Ile de la Réunion*[1].
BESSON (Alexandre), *Doubs*.
BEZARD (François-Siméon), *Oise*[2].
BEZOUT (Étienne-Louis), *Seine-et-Marne*[3].
BIDAULT (Laurent-Mathieu-Gervais), *Eure*[4].
BILLAUD-VARENNE (Jacques-Nicolas), *Paris*[5].
*BILLEREY (Anatoile), *Haute-Saône*[6].
BION (Jean-Marie), *Vienne*.
BIROTTEAU (Jean-Baptiste), *Pyrénées-Orientales*[7].
BISSY [le jeune] (Jacques-François), *Mayenne*.
*BLACHET (Charles-François), *Calvados*[8].
BLAD (Claude-Antoine-Augustin), *Finistère*[9].
*BLANC (Claude), *Ain*[10].
BLANC (François-Joseph), *Marne*.
BLANQUI (Jean-Dominique), *Alpes-Maritimes*[11].
BLANVAL (Joseph ARTAULD-), *Puy-de-Dôme*. — Voy. ARTAULD-BLANVAL.
BLAUX (Nicolas-François), *Moselle*[12].
BLAVIEL (Antoine-Innocent), *Lot*[13].
*BLONDEAU (Pierre-Marie), *Doubs*[14].
BLONDEL (Jacques), *Ardennes*[15].
BLUTEL (Charles-Auguste-Esprit-Rose), *Seine-Inférieure*.
BO (Jean-Baptiste-Jérôme), *Aveyron*.

1 Admis le 1er ventôse an III. (Voy. proc. verb., p. 5).
2 1er suppléant; remplace Thomas Paine dès le début.
3 1er suppléant ; appelé par la voie du sort le 5 floréal an III.
4 3e suppléant ; remplace Le Maréchal, démissionnaire, le 23 nivôse an II (p. 189).
5 Condamné à la déportation le 12 germinal an III (V. proc. verb., p. 105)
6 3e suppléant. N'a pas siégé ; destitué et mis en arrestation.
7 Arrêté et exécuté le 7 brumaire an II (Voy. proc. verb., p. 164).
8 5e suppléant ; mis en accusation. — N'a pas siégé.
9 Un des 73 ; rappelé le 18 frimaire an III.
10 2e suppléant. — N'a pas siégé.
11 Un des 73 ; rappelé le 18 frimaire an III.
12 Un des 73 ; rappelé le 18 frimaire an III.
13 1er suppléant, remplace, en mars 1793, Caila mort le 21 janvier; partage le sort des 73 ; rappelé le 18 frimaire an III.
14 2e suppléant. — N'a pas siégé.
15 Le procès-verbal imprimé du 12 juin 1793 porte que Blondel, 1er suppléant, sera appelé en place de Menessier. Or, Blondel, nommé le premier comme suppléant, siégeait dès le début. Il avait probablement remplacé Raux, ex-Constituant, nommé 4e député des Ardennes et dont le nom ne figure qu'au procès-verbal des élections (Voy. plus bas Raux).

BODIN (Pierre-Joseph-François), *Indre-et-Loire*.
BOHAN (Alain), *Finistère*[1].
BOILLEAU (Jacques) *Yonne*[2].
*BOILLEAU aîné (Jean-Edme), *Yonne*[3].
BOIRON (Jean-Baptiste), *Rhône-et-Loire*[4].
*BOIS-GUYON (.....), *Eure-et-Loir*[5].
BOISSET (Joseph-Antoine), *Drôme*.
BOISSIER (Pierre-Bruno), *Finistère*[6].
BOISSIEU (Pierre-Joseph-Didier), *Isère*.
BOISSON (Joseph), *Saint-Domingue*[7].
BOISSY [D'ANGLAS] (François-Antoine), *Ardèche*.
BOLLET (Philippe-Albert), *Pas-de-Calais*.
BOLOT (Claude-Antoine), *Haute-Saône*.
BONET (Joseph-Balthazar), *Haute-Loire*[8].
BONGUYOD (Marc-François), *Jura*[9].
*BONNAIRE (Félix), *Cher*[10].
BONNEMAIN (Jean-Thomas), *Aube*.
BONNESŒUR [BOURGINIÈRE] (Siméon-Jacques-Henri), *Manche*.
BONNET (Pierre-François-Dominique), *Aude*.
BONNET (Pierre-Louis), *Calvados*.
BONNEVAL (Germain), *Meurthe*.
BONNIER [D'ALCO] (Ange-Elisabeth-Louis-Antoine), *Hérault*.
BORDAS (Pardoux), *Haute-Vienne*.
BORDES (Paul-Joseph), *Ariège*[11].

[1] Un des 73 ; rappelé le 18 frimaire an III.
[2] Condamné à mort le 9 brumaire an II ; remplacé, le 9 frimaire, par Jeannest, au refus de Boilleau aîné, son frère. (Voy. proc. verb., p. 227).
[3] 2e suppléant ; appelé à remplacer son frère cadet, Jacques, refuse pour cause de santé et est remplacé par Jeannest.
[4] 4e suppléant ; remplace Vitet le 7 août 1793 (Voy. proc. verb., p. 188).
[5] 3e suppléant; ne siégea pas. Un Boisguyon (Gabriel-Nicolas-François de), adjudant général à l'armée des Côtes de Brest, fut condamné à mort le 1er frimaire an II. C'est sans doute le troisième suppléant d'Eure-et-Loir.
[6] 1er suppléant ; remplace Kervelegan le 7 août 1793 (Voy. proc. verb., p. 197).
[7] Admis le 16 messidor an II. (Voy. proc. verb., p. 25).
[8] Traduit au tribunal révolutionnaire le 3 octobre 1793 (p. 57); s'évade et rentre plus tard à la Convention.
[9] Bonguyod signe aussi Bonguiot.
[10] 2e suppléant. — N'a pas siégé.
[11] 1er suppléant ; remplace Vadier le 15 floréal an III (Voy. procès-verbal, p. 186).

*Bordier de Neuville (.....), *Loiret*[1].
Borel (Hyacinthe-Marcelin), *Hautes-Alpes*.
Borie (Jean), *Corrèze*.
Borie-Cambort (Étienne), *Dordogne*.
Boucher (Antoine-Sauveur), *Paris*.
Bouchereau (Augustin-François), *Aisne*[2].
Boudin (Jacques-Antoine), *Indre*.
Bouillerot (Alexis-Joseph), *Eure*[3].
*Boulay (Nicolas), *Moselle*[4].
Bouquier [aîné] (Gabriel), *Dordogne*.
Bourbotte (Pierre), *Yonne*[5].
Bourdon (François-Louis), *Oise*.
Bourdon (Louis-Jean-Joseph-Léonard), *Loiret*[6].
Bouret (Henry-Gaspard-Charles), *Basses-Alpes*[7].
Bourgain (Denis-Guillaume), *Paris*[8].
Bourgeois (Nicolas), *Eure-et-Loir*.
Bourgois (Jacques-François-Augustin), *Seine-Inférieure*.
Boursault (Jean-François), *Paris*[9].
Bousquet (François), *Gers*.
Boussion (Pierre), *Lot-et-Garonne*.
Boutrouë (Laurent-Martial-Stanislas), *Sarthe*.
Bouygues (Jean-Pierre), *Lot*.
Boÿaval (Charles-Louis-Laurent), *Nord*.

[1] 3e suppléant; élu pour remplacer Marquis, 1er suppléant. — N'a pas siégé.
[2] 2e suppléant; remplace, le 8 novembre 1792 (p. 47), Thomas Paine optant pour le Pas-de-Calais, à défaut de Pottofeux, 1er suppléant, qui préfère conserver ses fonctions judiciaires.
[3] Elu en remplacement d'Albitte optant pour la Seine-Inférieure.
[4] 2e suppléant; appelé pour remplacer Antholne, il est traduit au tribunal révolutionnaire et acquitté; mais Karcher prend la place d'Anthoine. (Voy. proc. verb. du 3 brumaire an II, p. 66.)
[5] Décrété d'accusation le 8 prairial an III (p. 151); exécuté le 25 prairial an III.
[6] Décrété d'accusation le 2 prairial an III, (p. 43); enfermé le 13 germinal au château de Ham. (Voy. proc. verb., p. 155).—Il signe toujours *Léonard Bourdon* pour se distinguer de Bourdon de l'Oise.
[7] 1er suppléant; remplace, le 3 juin 1793, Verdolin mort à Paris en avril. (Voy. proc. verb., p. 37.)
[8] 5e suppléant, admis à une des places vacantes, le 27 brumaire an II. (Voy. proc. verb., p. 273.)
[9] 2e suppléant; remplace, le 19 mars 1793, Manuel, à défaut de Lulier qui n'accepte pas. (Voy. proc. verb., p. 58.)

BOYER FONFREDE (Jean-Baptiste), *Gironde*[1].

BOZI (Jean-Baptiste), *Corse*.

BRÉARD (Jean-Jacques), *Charente-Inférieure*.

*BRESSON (Jean), *Gard*[2].

BRESSON (Jean-Baptiste-Marie-François), *Vosges*[3].

BRETEL (Charles-Louis-François REGNAULD-), *Manche*. — Voy. REGNAULD-BRETEL.

*BRETHON (.....), *Gironde*[4].

*BRIAULT (Jacques), *Deux-Sèvres*[5].

BRIEZ (Philippe-Constant-Joseph), *Nord*[6].

BRISSON (Marcou), *Loir-et-Cher*.

BRISSOT [DE WARVILLE] (Jacques-Pierre), *Eure-et-Loir*[7].

BRIVAL (Jacques), *Corrèze*.

BRÜE (Louis-Urbain), *Morbihan*[8].

BRULART DE SILLERY (Charles-Alexis), *Somme*. — Voy. SILLERY.

BRUN (Jean), *Charente*.

BRUNEL (Ignace), *Hérault*[9].

*BUIRON GAILLARD (Jean-Baptiste), *Rhône-et-Loire*[10].

*BURNOD (.....), *Mont-Blanc*[11].

BUSSIÈRE LAFOREST (Étienne), *Saint-Domingue*. — Voy. LAFOREST.

BUZOT (François-Nicolas-Léonard), *Eure*[12].

[1] Condamné à mort le 9 brumaire an II.

[2] 3e suppléant. — N'a pas siégé.

[3] Un des 73 ; rappelé le 18 frimaire an III.

[4] 3e suppléant. Il était négociant à Langon et fut condamné à mort, le 11 frimaire an II, par une commission militaire de Bordeaux. N'a pas siégé.

[5] 2e suppléant. — N'a pas siégé.

[6] Mort vers la fin de la Convention.

[7] Nommé dans l'Eure, le Loiret et dans Eure-et-Loir, il est remplacé dans le Loiret par Léonard Bourdon, et dans l'Eure par Vallée; condamné à mort le 9 brumaire an II.

[8] 1er suppléant ; remplace, le 7 frimaire an II, Lehardi condamné à mort. (Voy. proc. verb., p. 181).

[9] Un des 73 ; rappelé le 18 frimaire an III. Il se brûle la cervelle à Toulon le 8 prairial an III.

[10] 2e suppléant; exécuté à Lyon. — N'a pas siégé.

[11] 4e suppléant; n'a pas siégé. Signalé sur les listes des suppléants disponibles, ne figure pas au registre des Archives.

[12] Mort près de Saint-Émilion, en juin 1794; remplacé par Francastel, le 17 juin 1793. (Voy. proc. verb., p. 366.)

C

CABARROC (Antoine), *Lot-et-Garonne* [1].
CADROY (Paul), *Landes.*
CAILA (Jean-Baptiste-Étienne), *Lot* [2].
CALÉS (Jean-Marie), *Haute-Garonne.*
CALON (Étienne-Nicolas), *Oise.*
CAMBACÉRÈS (Jean-Jacques-Régis), *Hérault.*
CAMBON fils aîné (Pierre-Joseph), *Hérault.*
CAMBORT (Étienne BORIE), *Dordogne.* — Voy. BORIE CAMBORT.
CAMBOULAS (Simon), *Aveyron.*
CAMPMARTIN (Pierre), *Ariège.*
CAMPMAS (Pierre-Jean-Louis), *Tarn.*
CAMUS (Armand-Gaston), *Haute-Loire* [3].
*CAMUS (Edme-Jean), *Marne* [4].
CAPPIN (Joseph), *Gers.*
*CARBONEL (.....), *Manche* [5].
CARELLI [DE BASSY] (François-Jean-Baptiste), *Mont-Blanc* [6].
CARNOT (Lazare-Nicolas-Marguerite), *Pas-de-Calais.*
CARPENTIER (Antoine-François), *Nord.*
CARRA (Jean-Louis), *Saône-et-Loire* [7].
*CARRIÉ (.....), *Aveyron* [8].
CARRIER (Jean-Baptiste), *Cantal* [9].
CASABIANCA (Luce), *Corse.*

1 2e suppléant, admis le 9 frimaire an II en place de Laroche, déclaré démissionnaire. (Voy. proc. verb., p. 227).

2 Décédé le 21 janvier 1793 (p. 358); remplacé par Blaviel en mars.

3 Livré aux Autrichiens par Dumouriez le 3 avril 1793 ; mis en liberté le 4 nivôse an IV.

4 2e suppléant. — Ne paraît pas avoir siégé.

5 2e suppléant ; destitué comme administrateur. — N'a pas siégé.

6 Démissionnaire le 23 pluviôse an II pour cause de maladie. Admis de nouveau le 15 ventôse an II.

7 Nommé dans sept départements : Bouches-du-Rhône, Charente (Voy. Maulde), Eure (Voy. Savary), Loir-et-Cher, Orne (Voy. Colombel), Somme (Voy. André Dumont) et Saône-et-Loire, il opte pour Saône-et-Loire. Condamné à mort le 9 brumaire an II, il est remplacé par Roberjot le 26 brumaire (Voy. proc. verb., p. 258).

8 3e suppléant ; n'a pas siégé. Il était, en floréal an II, président du tribunal du district du Mur de Barrez.

9 Décrété d'accusation le 3 frimaire an III (p. 78), condamné à mort le 26 frimaire.

CASENAVE (Antoine), *Basses-Pyrénées.*
CASSANYES (Jacques-Joseph), *Pyrénées-Orientales.*
CASTAING (Pierre-François), *Orne*[1].
CASTILHON (Pierre), *Hérault.*
*CATTEY (.....), *Nord*[2].
CAVAIGNAC (Jean-Baptiste), *Lot.*
*CAVAILHON (Léonard), *Dordogne*[3].
*CAYROL (.....), *Aude*[4].
CAZENEUVE (Ignace-G. DE), *Hautes-Alpes*[5].
*CERISIER (Pierre-Joseph), *Marne*[6].
CHABANON (Antoine-Dominique), *Cantal.*
CHABOT (François), *Loir-et-Cher*[7].
CHABOT (Georges-Antoine), *Allier*[8].
*CHAFFIN (Étienne), *Jura*[9].
CHAIGNART (Vincent-François-Marie), *Morbihan*[10].
CHAILLON (Étienne), *Loire-Inférieure.*
CHÂLES (Pierre-Jacques-Michel), *Eure-et-Loir*[11].
CHAMBON (Aubin BIGORIE), *Corrèze*[12].
*CHAMBON (Joseph), *Pyrénées-Orientales*[13].
CHAMBON [LATOUR] (Jean-Michel), *Gard*[14].
CHAMBORRE (Jean-Baptiste), *Saône-et-Loire*[15].

1 7e suppléant; remplace Valazé le 12 frimaire an II. (Voy. proc. verb., p. 316.)
2 3e suppléant. — N'a pas siégé; était en état d'arrestation.
3 3e suppléant. — N'a pas siégé.
4 N'accepte pas pour raison de santé. Girard est nommé par l'assemblée électorale pour le remplacer comme député.
5 Un des 73; rappelé le 18 frimaire an III.
6 4e suppléant. — N'a pas siégé.
7 Décrété d'accusation le 26 ventôse an II, et condamné à mort le 16 germinal. (Voy. proc. verb. de ventôse, p. 375 et 438.)
8 3e suppléant; remplace, le 25 ventôse an III, Vidalin décédé. (Voy. proc. verb., p. 117, 118.)
9 1er suppléant, non porté au registre d'inscription. — N'a pas siégé.
10 3e suppléant; appelé à siéger par la voie du sort le 5 floréal an III. (Voy. proc. verb., p. 86.)
11 Enfermé à Ham le 12 germinal an III.
12 Tué, le 30 brumaire an II, à Lubersac; remplacé par Pierre Rivière dès le 8 août. (Voy. proc. verb. du 8 août, p. 214.)
13 2e suppléant. — N'a pas siégé.
14 2e suppléant; remplace, le 1er avril 1793, Balla, démissionnaire. (Voy. proc. verb. du 20 mai, p. 71.)
15 3e suppléant; remplace, le 31 juillet 1793, Masuyer, déclaré démissionnaire. (Voy. proc. verb., p. 397.)

CHAMPEAUX (Julien-François PALASNE), *Côtes-du-Nord*. — Voy. PALASNE CHAMPEAUX.
CHAMPIGNY-AUBIN (Louis), *Indre-et-Loire*[1].
CHAMPIGNY-CLÉMENT (René-Jean), *Indre-et-Loire*.
*CHAMPROBERT (Pierre), *Nièvre*[2].
*CHAPELLE (Jean-André), *Seine-et-Marne*[3].
CHARBONNIER (Joseph), *Var*.
*CHARDRON (François), *Ardennes*[4].
CHARLIER (Louis-Joseph), *Marne*.
CHARREL (Pierre-François), *Isère*[5].
CHASLES (Pierre-Jacques-Michel), *Eure-et-Loir*. — Voyez CHÂLES.
CHASSET (Charles-Antoine), *Rhône-et-Loire*[6].
CHASTELLAIN (Jean-Claude), *Yonne*[7].
CHATEAUNEUF RANDON (Alexandre-Paul), *Lozère*.
CHATRY l'aîné (Pierre-Jacques-Samuel), *Calvados*[8].
CHAUDRON-ROUSSAU (Guillaume), *Haute-Marne*.
CHAUMONT (Jean-François), *Ille-et-Vilaine*.
*CHAUTY (.....), *Puy-de-Dôme*[9].
*CHAUVET (Antoine), *Hautes-Alpes*[10].
CHAUVIER (Claude-François-Xavier), *Haute-Saône*.

1 3e suppléant ; remplace Dupont, le 5 vendémiaire an III (Voy. proc. verb., p. 106).
2 2e suppléant — N'a pas siégé.
3 11e suppléant. — N'a pas siégé.
4 Nommé le 6e, Chardron refuse le mandat avant l'élection des suppléants et est de suite remplacé par Thierriet.
5 1er suppléant ; remplace Dubois de Crancé optant pour un autre département.
6 Mis hors la loi, s'évade et est remplacé par Noailly, le 17 août 1793. (Voy. proc. verb., p. 369.)
7 Un des 73 ; rappelé le 18 frimaire an III (p. 61). Etait en état d'arrestation, avec Blachet, par ordre du Comité de surveillance, le 8 floréal an II.
8 1er suppléant. Signe au registre des Archives le 10 germinal an III ; arrêté après l'insurrection de germinal. Peut-être a-t-il siégé quelques jours en germinal an III. En l'an V, il signe : Chatry-Lafosse.
9 3e suppléant, condamné à mort par le tribunal de Commune Affranchie. — N'a pas siégé.
10 1er suppléant; appelé à remplacer Barety, démissionnaire le 7 juillet 1793, il est cité à la barre pour répondre de sa conduite. Demande à siéger le 18 brumaire an III.

CHAUVIN [HERSAULT] (François-Augustin), *Deux-Sèvres*[1].
*CHAVANE (Marc), *Saint-Domingue*[2].
CHAZAL (Jean-Pierre), *Gard.*
CHAZAUD (Jean-François-Simon), *Charente.*
CHEDANEAU (Augustin-Roland-Jean-André-Faustin), *Charente.*
CHENIER (Marie-Joseph DE), *Seine-et-Oise.*
CHERRIER (Jean-Claude), *Vosges*[3].
CHEVALIER (Gilbert), *Allier.*
CHEVALIER (Jacques), *Sarthe*[4].
CHIAPPE (Ange), *Corse.*
*CHOMEL (L.-T.), *Ardèche*[5].
CHOUDIEU (Pierre-René), *Maine-et-Loire.*
CHRISTIANI (Marie-Frédéric-Henri), *Bas-Rhin*[6].
CLAUZEL (Jean-Baptiste), *Ariège.*
*CLAVÉ (.....), *Haut-Rhin*[7].
CLAVERYE (Jean-Baptiste-Joseph), *Lot-et-Garonne.*
CLEDEL (Étienne), *Lot.*
*CLERISSY (Bernardin), *Alpes-Maritimes*[8].
CLOOTS (Jean-Baptiste, dit Anacharsis), *Oise*[9].
COCHET (Henri-Louis-Joseph), *Nord.*
COCHON [LAPPARENT] (Charles), *Deux-Sèvres.*
COLAUD [LA SALCETTE] (Jacques-Bernardin), *Drôme.*
COLLOMBEL (Pierre), *Meurthe*[10].
COLLOT D'HERBOIS (Jean-Marie), *Paris*[11].

[1] 1er suppléant ; remplace Duchâtel le 11 juillet 1793 (Voy. proc. verb., p. 45.)
[2] 2e suppléant. — N'a pas siégé.
[3] 2e suppléant ; remplace, le 13 octobre 1793, Joseph Hugot malade. (Voy. proc. verb., p. 31.)
[4] Démissionnaire le 16 frimaire an II (p. 7) ; remplacé par Lehault le 16 pluviôse. (Voy. proc. verb., p. 1.)
[5] 2e suppléant. — N'a pas siégé.
[6] 2e suppléant; remplace Depinay non acceptant.
[7] 2e suppléant. — N'a pas siégé.
[8] Suppléant unique du département. — N'a pas siégé.
[9] Nommé dans Saône-et-Loire (Voy. Montgilbert) et dans l'Oise; exclu comme étranger et remplacé par Danjou le 29 pluviôse an II (p. 340). Exécuté avec les Hébertistes le 4 germinal an II.
[10] 1er suppléant ; remplace Salle le 22 juillet 1793. (Voy. proc. verb., p. 48 et 79.)
[11] Déporté en vertu d'un décret du 12 germinal an III (Voy. proc. verb., p. 127.)

COLOMBEL [DE BOISAULARD] (Louis-Jacques), *Orne* [1].
COMBEROUSSE (Benoît-Michel DE), *Isère*. — Voy. DECOMBEROUSSE.
CONDORCET (Marie-Jean-Antoine-Nicolas DE CARITAT, marquis DE), *Aisne* [2].
CONTE (Antoine), *Basses-Pyrénées*.
CORBEL (Vincent-Claude), *Morbihan* [3].
CORDIER (Michel-Martial), *Seine-et-Marne*.
CORENFUSTIER (Simon-Joseph), *Ardèche*.
CORNILLEAU (René), *Sarthe* [4].
COSNARD (Pierre), *Calvados* [5].
*COSTE (.....), *Hérault* [6].
COUHEY (François), *Vosges*.
COUPARD (Jean-Jules), *Côtes-du-Nord* [7].
COUPÉ (Jacques-Michel), *Oise* [8].
COUPPÉ (Gabriel-Hyacinthe), *Côtes-du-Nord* [9].
*COURNÉ (.....), *Ille-et-Vilaine* [10].
COURTOIS (Edme-Bonaventure), dit COURTOIS d'ARCIS, *Aube*.
COUSTARD [DE MASSY] (Anne-Pierre), *Loire-Inférieure* [11].
COUTHON (Georges), *Puy-de-Dôme* [12].
COUTISSON [DUMAS] (Jean-Baptiste), *Creuse* [13].
COUTURIER (Jean-Pierre), *Moselle*.

[1] 4e suppléant, remplace Carra (ou Gorsas) nommé ailleurs. Se présente aux Archives le 3 octobre 1792.
[2] Nommé dans l'Aisne, l'Eure, le Loiret et la Gironde, il opte pour l'Aisne; est remplacé dans le Loiret par Louvet et dans l'Eure par Dubusc. Il se tue le 20 germinal an II à Bourg-la-Reine.
[3] Un des 73; rappelé le 18 frimaire an III.
[4] 2e suppléant; se trouvait en arrestation en germinal an II; est admis le 3 germinal an III (Voy. proc.-verb., p. 32, 34).
[5] 2e suppléant; il remplace, le 11 août 1793, Larivière mis en arrestation (Voy. proc. verb., p. 269).
[6] 1er suppléant. — N'a pas siégé, était mort avant le 9 floréal an II dans l'exercice de ses fonctions administratives.
[7] 1er suppléant; remplace Couppé le 9 août 1793 (Voy. proc. verb., p. 227).
[8] Un des 73; rappelé le 18 frimaire an III.
[9] Arrêté le 9 juillet et remplacé par Coupard le 9 août 1793 (p. 227). — Rentre à la Convention le 18 frimaire an III (p. 61).
[10] 3e suppléant. — N'a pas siégé; est supposé avoir émigré.
[11] Condamné à mort le 16 brumaire an II, exécuté le 17.
[12] Mis hors la loi le 9 thermidor an II, exécuté le 10; remplacé par Jourde le 4 vendémiaire an III (Voy. proc.-verb., p. 92).
[13] Signe Coutisson-Dumas en l'an III (Voy. notre troisième liste).

CRASSOUS [DE MEDEUIL] (Jean-Augustin), *Martinique* [1].
CREUZÉ (Michel-Pascal), *Vienne.*
CREUZÉ [LATOUCHE] (Jacques-Antoine), *Vienne.*
CREVELIER (Jacques), *Charente* [2].
CRUVÉS (Antoine), *Var* [3].
*CUGUILLIÈRE (.....), *Aude* [4].
*CURCIER (.....), *Guadeloupe* [5].
CURÉE (Jean-François), *Hérault.*
CUSSET (Joseph), *Rhône-et-Loire.*
CUSSY (Gabriel DE), *Calvados* [6].

D

DABRAY [DOUBLET] (Joseph-Séraphin), *Alpes-Maritimes* [7].
DAMERON (Joseph-Charlemagne), *Nièvre.*
DANDENAC le jeune (Jacques), *Maine-et-Loire.*
DANDENAC [l'aîné] (Marie-François), *Maine-et-Loire.*
DANJOU (Jean-Pierre), *Oise* [8].
DANTON (Georges-Jacques), *Paris* [9].
D'AOUST (Eustache-Jean-Marie, marquis), *Nord*,—Voy. AOUST.
*DARIO (Blaise), *Haute-Garonne* [10].
DARTIGOEYTE (Pierre-Arnaud), *Landes.*
*DARTONNE (Pierre-Germain), *Loiret* [11].

[1] Élu aussi comme 3e suppléant dans la Charente-Inférieure, il opte pour la Martinique. Admis le 8 octobre 1793 (p. 164); décrété d'arrestation le 16 germinal an III (Voy. proc.-verb., p. 15).

[2] Nommé d'abord 3e suppléant, il est désigné pour remplacer Memineau qui venait d'envoyer sa démission, et passe ainsi avant les 1er et 2e suppléants.

[3] 3e suppléant; remplace, le 23 nivôse an II, Antiboul condamné à mort. (Voy. proc.-verb., p. 189.)

[4] 2e suppléant. — N'a pas siégé; détenu et condamné à restitution. Il était chirurgien à Limoux.

[5] 2e suppléant (d'après le procès-verbal d'élection). — N'a pas siégé.

[6] Condamné à mort le 25 brumaire an II.

[7] Admis le 23 mai 1793. (Voy. proc.-verb., p. 122.) Il est compris dans la proscription des 73 et transporté à son domicile le 2 brumaire an III (p. 11), puis rentre à la Convention le 18 frimaire.

[8] 3e suppléant, remplace Anacharsis Cloots le 29 pluviôse an II. (Voy. proc. verb., p. 340.)

[9] Condamné à mort le 16 germinal an II.

[10] 1er suppléant; déclaré inadmissible le 23 prairial an II (p. 216).

[11] 2e suppléant. — N'a pas siégé.

DAUBERMESNIL (François-Antoine), *Tarn* [1].
DAUNOU (Pierre-Claude-François), *Pas-de-Calais* [2].
DAUPHOLE (Jean-Pierre), *Hautes-Pyrénées* [3].
DAUTRICHE (Jacques-Sébastien), *Charente-Inférieure*.
DAVID (Jacques-Louis), *Paris*.
DAVID-DELISLE (Alexandre-Edme), *Aube* [4].
DE BELLEGARDE (Antoine DUBOIS), *Charente*. — Voy. BELLEGARDE.
DEBOURGES (Jean), *Creuse*.
DE BRY (Jean-Antoine-Joseph), *Aisne*.
DECHÉZEAUX (Pierre-Charles-Daniel-Gustave), *Charente-Inférieure* [5].
DECOMBEROUSSE (Benoît-Michel), *Isère* [6].
DE CUSSY (Gabriel), *Calvados*. — Voy. CUSSY.
DEFERMON (Jacques), *Ille-et-Vilaine* [7].
DEFRANCE (Jean-Claude), *Seine-et-Marne*.
DEHOULIERE (Louis-Charles-Auguste), *Maine-et-Loire* [8].
DELACROIX (Charles), *Marne*.
DELACROIX (Jean-François), *Eure-et-Loir* [9].
DELAGUEULLE [DE COINCES], (René-Louis), *Loiret*.
DELAHAYE (Jacques-Charles-Gabriel), *Seine-Inférieure* [10].
DELAMARRE (Antoine), *Oise* [11].
*DELAUNAI [DE MAILLY], *Somme* [12].

[1] Démissionnaire le 2 mai 1793, est remplacé par Terral ; renouvelle sa démission le 19 frimaire an II (p. 80) ; est rappelé à son poste le 24 thermidor an III (Voy. proc. verb., p. 116).
[2] Un des 73 ; rappelé le 18 frimaire an III.
[3] 1er suppléant; était en état d'arrestation le 9 floréal an II.
[4] 3e suppléant; remplace Perrin le 22 frimaire an II (V. pr.-v., p. 141).
[5] Démissionnaire le 11 août 1793 ; remplacé par Eschassériaux jeune (Voy. proc. verb., p. 285).
[6] 3e suppléant. Appelé par voie de tirage au sort ; inscrit le 6 thermidor an III au registre des Archives.
[7] Condamné à mort, il s'évade; rentre à la Convention en mars 1795.
[8] Démissionnaire le 16 avril 1793 (p. 280) ; remplacé par Viger le 27 (p. 175). Il s'appelait de Houlières; nous avons adopté l'orthographe de la signature qui figure au registre des Archives.
[9] Condamné à mort le 16 germinal an II ; remplacé par Deronzières le 22 fructidor.
[10] Déclaré démissionnaire le 15 juillet 1793 (p. 178); remplacé par Le Comte le 25 juillet. Rappelé le 23 germinal an III (V. proc.-verb., p. 175).
[11] Un des 73 ; rappelé le 18 frimaire an III.
[12] Refuse le mandat au cours des opérations électorales et est immédiatement remplacé par Delecloy.

DELAUNAY d'ANGERS [l'aîné] (Joseph), *Maine-et-Loire* [1].
DELAUNAY [le jeune] (Pierre-Marie), *Maine-et-Loire.*
DELBREL (Pierre), *Lot.*
DELCASSO (Laurent), *Pyrénées-Orientales* [2].
DELCHER (Joseph-Étienne), *Haute-Loire.*
DELEAGE (Jean-Joseph), *Allier* [3].
DELECLOY (Jean-Baptiste-Joseph), *Somme.*
DELEYRE (Alexandre), *Gironde.*
DELLEVILLE (Jean-François-Philippe), *Calvados* [4].
DELMAS (Jean-François-Bertrand), *Haute-Garonne.*
DELTEL (Jean), *Tarn* [5].
DENTZEL (Georges-Fréderic), *Bas-Rhin.*
DEPERRET (Claude-Romain LAUZE), *Bouches-du-Rhône.* — Voy. LAUZE DEPERRET.
*DEPINAY (.....), *Bas-Rhin* [6].
DEQUEN [BOULANGER] (Honoré-François), *Somme* [7].
DERAZEY (Jean-Joseph-Eustache), *Indre* [8].
DERENTY (François-Marie), *Nord* [9].
DERONZIERES (Louis-Amand), *Eure-et-Loir* [10].
DE SACY (Claude-Louis-Michel), *Haute-Garonne* [11].
DESCAMPS (Bernard), *Gers* [12].
DESGRAVES (Georges), *Charente-Inférieure* [13].

[1] Condamné à mort le 16 germinal an II; rentre à la Convention en l'an III.

[2] 1er suppléant; remplace Birotteau le 13 août 1793. (Voy. le procès-verbal du 4 septembre, p. 71.)

[3] 2e suppléant; remplace, le 24 floréal an II (p. 189), Petitjean mort le 18 ventôse. (Voy. proc. verb., p. 364.)

[4] Un des 73 ; rappelé le 18 frimaire an III.

[5] 2e suppléant; remplace Lasource le 9 août 1793.

[6] Remplacé par Christiani. Démissionnaire le 10 septembre 1792 (lettre).

[7] 3e suppléant; remplace, le 30 frimaire an II, Dufestel, démissionnaire le 5. (Voy. proc. verb., p. 347.)

[8] Un des 73 ; rappelé le 18 frimaire an III.

[9] 2e suppléant; appelé, le 5 floréal an III, par la voie du tirage au sort. (Voy. proc.-verb., p. 86.)

[10] 1er suppléant; remplace J.-F. Delacroix le 22 fructidor an II. (Voy. proc. verb., p. 164.)

[11] Mort en vendémiaire an III (p. 198) ; remplacé par Lespinasse le 10 germinal. (Voy. proc. verb., p. 84.)

[12] Un des 73; rappelé le 18 frimaire an III.

[13] 2e suppléant; appelé à siéger, le 5 floréal an III, par la voix du tirage au sort (p. 86).

DESGROÜAS (Charles-François-Grégoire-Michel-Étienne), *Orne*[1].
DESMOULINS (Benoît-Camille), *Paris*[2].
DESPINASSY (Antoine-Joseph-Marie), *Var*[3].
DESRIVIÈRES (Jacob-Gérard), *Orne*[4].
DESRUES (Philippe-François), *Paris*[5].
DESTRICHÉ (Yves-Marie), *Mayenne*[6].
DETCHÉVERRY (Jean-Baptiste), *Ile de la Réunion*[7].
*DE VARAIGNE (Pierre-Joseph-Bernard), *Haute-Marne*. — Voy. VARAIGNE.
DEVARS (Jean), *Charente*.
DEVERITÉ (Louis-Alexandre), *Somme*[8].
DEVILLE (Jean-Louis), *Marne*.
DEYDIER (Étienne), *Ain*.
DHERBEZ LATOUR (Pierre-Jacques), *Basses-Alpes*.
*D'HIRIART (Pierre-Eustache), *Basses-Pyrénées*[9].
DORMAY (Pierre-Joachim), *Aisne*[10].
DORNIER l'aîné (Claude-Pierre), *Haute-Saône*.
DOUBLET (Pierre-Philippe), *Seine-Inférieure*[11].
DOUGE (Jean-Claude), *Aube*.
DOULCET [DE PONTÉCOULANT] (Louis-Gustave), *Calvados*[12].
*DREVON (.....) *Haute-Marne*[13].
DROÜET (Jean-Baptiste), *Marne*[14].

1 5e suppléant; remplace, dès le début, André non acceptant.
2 Condamné à mort le 16 germinal an II.
3 Un des 73; rappelé le 18 frimaire an III.
4 6e suppléant; remplace, le 29 août 1793, Bertrand La Hosdinière, démissionnaire le 29 juillet.
5 8e suppléant; remplace, le 3 ventôse an II (p. 85), Thomas, décédé le 27 pluviôse.
6 1er suppléant; appelé par la voie du sort le 5 floréal an III (p. 86).
7 1er suppléant; remplace, le 26 vendémiaire an IV, Lemarchand qui ne s'est pas présenté (Voy. proc. verb., p. 157).
8 Mis en arrestation le 8 juillet 1793 (p. 320); rappelé à la Convention le 18 frimaire an III avec les 73.
9 N'accepte pas; remplacé par Neveu.
10 4e suppléant; remplace Saint-Just le 13 germinal an III. (Voy. proc. verb., p. 147.)
11 Mort à La Force le 4 frimaire an II.
12 Mis en jugement le 3 octobre 1793; s'évade, puis rentre à la Convention.
13 Nommé 6e député au scrutin de liste, pour hâter les opérations, en raison du voisinage de l'ennemi, Drevon n'accepte pas et est remplacé de suite par Wandelaincourt, élu d'abord 1er suppléant.
14 Livré aux Autrichiens par Dumouriez, le 3 avril 1793; est mis en liberté le 4 nivôse an IV.

DRULHE (Philippe), *Haute-Garonne.*

DUBARRAN (Joseph-Nicolas BARBEAU), *Gers.* — Voy. BARBEAU DU BARRAN.

*DUBARRY (Sébastien), *Allier*[1].

DU BIGNON (François-Marie), *Ille-et-Vilaine.*

DUBOË (Pierre-François), *Orne.*

DUBOIS (François-Louis-Esprit), *Haut-Rhin.*

DUBOIS (Louis-Toussaint-Jullien), *Orne*[2].

DUBOIS DE BELLEGARDE (Antoine), *Charente.* — Voy. BELLEGARDE.

DUBOIS DE CRANCÉ (Edmond-Louis-Alexis), *Ardennes*[3].

DUBOIS DU BAIS (Louis-Thibault), *Calvados.*

DU BOUCHET (Pierre), *Rhône-et-Loire.*

DUBOULOZ (Jean-Michel), *Mont-Blanc.*

DUBREÜIL [CHAMBARDEL] (Pierre), *Deux-Sèvres.*

DU BRŒUCQ (Jean-François), *Pas-de-Calais*[4].

DUBUSC (Charles-François), *Eure*[5].

DUCHASTEL (Gaspard-Sevrin), *Deux-Sèvres*[6].

DUCOS (Jean-François), *Gironde*[7].

DUCOS [aîné] (Pierre-Roger), *Landes.*

DUFAŸ (Louis-Pierre), *Saint-Domingue*[8].

DUFESTEL (Jean-François), *Somme*[9].

[1] 4e suppléant; n'a pas siégé, ayant été déporté. En floréal an II, Dubarry est qualifié ci-devant doctrinaire.

[2] 1er suppléant; remplace dès le début Priestley.

[3] Nommé député dans les Ardennes, l'Isère, le Var, et 1er suppléant dans les Bouches-du-Rhône, il opte pour les Ardennes.

[4] 3e suppléant; remplace, le 23 nivôse an II, Thomas Paine, exclu comme étranger. (Voy. proc. verb., p. 189.)

[5] Nommé d'abord suppléant, il remplace dès le début Condorcet optant pour l'Aisne. Il partage le sort des 73 et est rappelé le 18 frimaire an III.

[6] Nommé Duchâtel d'Orfou dans le procès-verbal d'élection. Condamné à mort le 9 brumaire an II, il est remplacé par Chauvin (Hersault), le 11 juillet 1793. (Voy. proc. verb., p. 45.)

[7] Condamné à mort le 9 brumaire an II.

[8] Admis le 15 pluviôse an II. (Voy. proc. verb., p. 353.)

[9] Révoqué par le corps électoral après sa nomination, il est rétabli par la Convention le 1er octobre 1792. Démissionnaire le 5 frimaire an II comme père de onze enfants, dont huit filles, il est remplacé par Dequen. (Voy. proc. verb., p. 347.)

DUFRICHE-VALAZÉ (Charles-Éléonor), *Orne*[1].
DUGENNE (Élie-François), *Cher*.
DUGOMMIER (Jean-François-Coquille), *Martinique*[2].
DUGUÉ D'ASSÉ (Jacques-Claude), *Orne*[3].
DUHEM (Pierre-Joseph), *Nord*.
DULAURE (Jacques-Antoine), *Puy-de-Dôme*[4].
DUMAS (Jean-Baptiste COUTISSON), *Creuse*. — Voy. COUTISSON [DUMAS].
*DUMAS (Pierre), *Haute-Vienne*[5].
DUMAZ (Jacques-Marie), *Mont-Blanc*[6].
DUMONT (André), *Somme*[7].
DUMONT (Louis-Philippe), *Calvados*.
*DUNIAGON (....), *Lot-et-Garonne*[8].
DUPIN le jeune (André), *Aisne*.
DUPLANTIER (Jacques-Paul-Fronton), *Gironde*[9].
DUPONT (Jacques-Louis), *Indre-et-Loire*[10].
DUPONT (Pierre-Charles-François), *Hautes-Pyrénées*[11].
DUPORT (Bernard-Jean-Maurice), *Mont-Blanc*.
DUPRAT (Jean), *Bouches-du-Rhône*[12].
DUPUCH (Élie-Louis), *Guadeloupe*[13].
DUPUIS (Charles-François), *Seine-et-Oise*[14].
DUPUY (Jean-Baptiste-Claude-Henri), *Rhône-et-Loire*.

1 Condamné à mort le 9 brumaire an II; remplacé par Castaing le 12 frimaire. (Voy. proc.-verb., p. 316.)
2 Chargé du commandement de l'armée des Pyrénées-Orientales quand il se rendait à la Convention, ainsi qu'il résulte d'une lettre du 15 nivôse an II (D I, § I, 39), il fut tué le 18 novembre 1794 devant l'ennemi; remplacé par Fourniols le 24 frimaire an III. (Voy. proc.-verb., p. 201.)
3 Un des 73; rappelé le 18 frimaire an III (p. 61).
4 Un des 73; rappelé le 18 frimaire an III.
5 2e suppléant; mis en état d'arrestation et traduit au comité de Sûreté générale, donne sa démission. — N'a pas siégé.
6 1er suppléant; remplace, le 18 avril 1793 (p. 15), Bal non acceptant.
7 Remplace Carra optant pour Saône-et-Loire.
8 3e suppléant. — N'a pas siégé.
9 Démissionnaire le 7 juin 1793. (Voy. proc.-verb., p. 129.)
10 Démissionnaire le 30 floréal an II; remplacé par Champigny-Aubin le 5 vendémiaire an III. (Voy. proc.-verb., p. 106.)
11 Mort, remplacé par Guchan le 11 pluviôse an II. (Voy. proc.-verb., p. 249.)
12 Condamné à mort le 9 brumaire an II.
13 Admis le 18 septembre 1793. (Voy. proc.-verb., p. 118.)
14 1er suppléant; remplace, dès le début, Barère optant pour les Hautes-Pyrénées.

DUQUESNOY (Ernest-Dominique-François-Joseph), *Pas-de-Calais* [1].
*DURAND (François-Gervais), *Eure* [2].
DURAND MAILLANE (Pierre-Toussaint), *Bouches-du-Rhône*.
DU ROY (Jean-Michel), *Eure* [3].
DUSAULX (Jean), *Paris* [4].
DUTROU [BORNIER] (Jean-Félix), *Vienne*.
DUVAL (Charles-François-Marie), *Ille-et-Vilaine*.
DUVAL (Claude), *Aube*.
DUVAL (Jean-Pierre), *Seine-Inférieure* [5].
*DUVERNOY (Jean-Marie), *Nièvre* [6].
DYZEZ (Jean), *Landes*.

E

EDOUARD [LE FLAIVE] (Jean-Baptiste), *Côte-d'Or* [7].
ÉGALITÉ (Louis-Philippe-Joseph de Bourbon, duc D'ORLÉANS, dit), *Paris* [8].
EHRMANN (Jean-François), *Bas-Rhin* [9].
ENGERRAN [DESLANDES] (Jacques), *Manche*.
ENJUBAULT (Mathurin-Étienne), *Mayenne*.
ENLART (Nicolas-François-Marie), *Pas-de-Calais*.
*EMMERTH (....), *Gironde* [10].
ESCHASSERIAUX (Joseph), *Charente-Inférieure*.
ESCHASSERIAUX (René), *Charente-Inférieure* [11].

[1] Arrêté après les journées de prairial et condamné à mort, il se tue le 29 prairial an III.
[2] 2e suppléant; se met en route pour Paris; arrêté par une grave maladie, il rentre chez lui. — N'a pas siégé.
[3] Condamné à mort et exécuté le 28 prairial an III.
[4] Un des 73; rappelé le 18 frimaire an III (p. 61).
[5] Déclaré démissionnaire le 15 juillet 1793 (p. 178), est remplacé par B. Revel le 3 août. Il rentre plus tard à la Convention.
[6] 1er suppléant. — N'a pas siégé.
[7] 1er suppléant; remplace Basire le 26 floréal an II. (Voy. proc.-verb., p. 227)
[8] Condamné à mort le 16 brumaire an II.
[9] 1er suppléant; remplace, dès le début, Bertrand non acceptant.
[10] 2e suppléant; démissionnaire le 19 prairial an II. — N'a pas siégé.
[11] 1er suppléant; remplace, le 31 août 1793, Déchezeaux, démissionnaire. (Voy. proc.-verb., p. 391.)

ESCUDIER (Jean-François), *Var.*
ESNÜE DE LA VALLÉE (François-Joachim), *Mayenne.*
ESPERT (Jean), *Ariège.*
ESTADENS (Antoine), *Haute-Garonne* [1].
EZEMAR (Jean), *Gironde* [2].

F

FABRE (Claude-Dominique-Côme), *Hérault* [3].
FABRE (Joseph), *Pyrénées-Orientales.*
*FABRE (.....), *Dordogne* [4].
FABRE D'EGLANTINE (Philippe-François-Nazaire), *Paris* [5].
*FASSE (.....), *Charente* [6].
FAUCHET (Claude), *Calvados* [7].
FAURE (Amable), *Creuse* [8].
FAURE (Balthazar), *Haute-Loire.*
FAURE (Pierre-Joseph-Denis-Guillaume), *Seine-Inférieure* [9].
FAUVRE-LABRUNERIE (Charles-Benoît), *Cher.*
FAYAU (Joseph-Pierre-Marie), *Vendée.*
FAYE (Gabriel), *Haute-Vienne* [10].
FAYOLLE (Jean-Raymond), *Drôme* [11].
*FENÈDE [12] (.....).

[1] Un des 73; rappelé le 18 frimaire an III (p. 61).
[2] 5e suppléant; admis le 9 septembre 1793, en place de Duplantier, sous le nom de Jean Crémar (p. 207 des procès-verbaux); qualifié en l'an II citoyen de La Réole, ancien garde du corps.
[3] Tué le 20 nivôse an II à l'armée des Pyrénées-Orientales.
[4] 1er suppléant. — N'a pas siégé.
[5] Condamné à mort le 16 germinal an II.
[6] 2e suppléant. — N'a pas siégé.
[7] Condamné à mort le 9 brumaire an II ; remplacé par Lemoine, le 9 pluviôse. (Voy. proc.-verb., p. 206.)
[8] 1er suppléant; remplace, le 25 frimaire an II, Guyès mort le 3.
[9] Un des 73; rappelé le 18 frimaire an III (p. 61).
[10] Un des 73; rappelé le 18 frimaire an III.
[11] Un des 73; rappelé le 18 frimaire an III.
[12] Un Fenède, qualifié médecin, juge de paix, rue Saint-Louis-Saint-Honoré, maison du coutelier, ex-législateur, figure sur une liste de 1793 comme onzième député de l'Orne. Or, ce nom ne se trouve ni sur les procès-verbaux d'élection, ni sur aucune des pièces authentiques du temps, ni parmi les députés à la Législative. Il n'y a dans la députation de l'Orne à la Législative que Térède dont le nom se rapproche un peu de Fénède.

FERAUD (Jean), *Hautes-Pyrénées* [1].
FERMON (Jacques DE), *Ille-et-Vilaine.* — Voy. DEFERMON.
FERRAND (Anthelme), *Ain* [2].
FERROUX (Etienne-Joseph), *Jura* [3].
FERRY (Claude-Joseph), *Ardennes.*
FINOT (Etienne), *Yonne.*
FIQUET (Jean-Jacques), *Aisne.*
FLEURY (Honoré-Marie), *Côtes-du-Nord* [4].
FLORENT GUIOT, *Côte-d'Or.* — Voy. GUIOT.
FOCKEDEY (Jean-Jacques), *Nord* [5].
FOREST (Jacques), *Rhône-et-Loire* [6].
FORESTIER (Pierre-Jacques), *Allier* [7].
*FORESTIER (.........) *Haute-Saône* [8].
FOUCHÉ (Joseph), *Loire-Inférieure.*
FOUCHER (Jacques), *Cher.*
*FOUQUIER [D'HÉROUEL] (Pierre-Eloy), *Aisne* [9].
FOURCROY (Antoine-François), *Paris* [10].
FOURMY (Jean-Denis), *Orne* [11].
FOURNEL (Marc-Antoine), *Lot-et-Garonne.*
FOURNIER (Antoine), *Rhône-et-Loire* [12].
FOURNIOLS (Michel), *Martinique* [13].
FOUSSEDOIRE (André), *Loir-et-Cher* [14].
*FRAGER (Claude), *Seine-et-Marne* [15].

1 Tué à la Convention le 1er prairial an III.
2 1er suppléant; remplace, le 18 août 1793, Mollet atteint d'une fistule hémorroïdale et démissionnaire. (Voy. proc-verb., p. 62.)
3 Un des 73; rappelé le 18 frimaire an III (p. 61).
4 Un des 73; rappelé le 18 frimaire an III.
5 Démissionnaire pour cause d'infirmités le 2 avril 1793; remplacé par Charles Mallet le 5 avril. (Voy. proc.-verb., p. 18-95.)
6 Un des 73; rappelé le 18 frimaire an III.
7 Décrété d'arrestation le 2 prairial an III.
8 1er suppléant. — N'a pas siégé.
9 3e suppléant. — N'a pas siégé.
10 4e suppléant; remplace, le 25 juillet 1793, Marat. (V. proc-verb., p. 217.)
11 3e suppléant; remplace, dès le début, Gorsas optant pour un autre département.
12 1er suppléant; remplace, le 13 décembre 1792, Priestley non acceptant.
13 Suppléant; remplace, le 24 frimaire an III, Dugommier tué à l'ennemi. (Voy. proc.-verb., p. 201.)
14 3e suppléant; remplace, dès le début, Bernardin de Saint-Pierre non acceptant. Enfermé à Ham le 12 germinal an III.
15 10e suppléant. — N'a pas siégé.

FRANCASTEL (Marie-Pierre-Adrien), *Eure* [1].
*FRANCESCHETTI (Ambroise), *Corse* [2].
FRANÇOIS (Landry-François-Adrien), *Somme* [3].
*FRANÇOIS DE NEUFCHATEAU (Nicolas), *Vosges* [4].
FRANÇOIS (René-François DE LA PRIMAUDIÈRE, dit), *Sarthe* [5].
FRECINE (Augustin-Lucie), *Loir-et-Cher*.
FREMANGER (Jacques), *Eure-et-Loir*.
FRÉRON (Stanislas-Louis-Marie), *Paris*.
FRICOT (François-Firmin), *Vosges* [6].
FROGER [PLISSON] (Louis-Joseph), *Sarthe*.

G

*GABORIAUD DE SUBLINS (.....), *Charente* [7].
GAILLARD (Cosme-François), *Loiret* [8].
*GAILLARD (Pierre-Toussaint), *Morbihan* [9].
*GALAND (Pierre-Sébastien), *Seine-et-Marne* [10].
GAMON (François-Joseph), *Ardèche* [11].
GANTOIS (Jean-François), *Somme*.
*GARAN (.....), *Mont-Blanc* [12].

1 Remplace Buzot, le 27 juin 1793. (Voy. proc.-verb., p. 366.)
2 2e suppléant. — N'a pas siégé.
3 1er suppléant ; remplace, le 1er octobre 1792 (p. 13), Merlin de Thionville optant pour un autre département.
4 N'accepte pas; remplacé par Balland.
5 Signe François tout court au registre des Archives, en 1792 et en l'an III.
6 4e suppléant; admis le 14 messidor an III (p. 270), en place de Martin, 3e suppléant, appelé à remplacer Bresson et disparu.
7 4e suppléant; élu en novembre 1792 dans une élection supplémentaire pour remplacer Maulde appelé à la Convention. — Ne siégea pas.
8 1er suppléant; remplace Louvet en fuite, le 26 juillet 1793. (Voy. proc.-verb., p. 262.)
9 Donne sa démission au cours des opérations et est immédiatement remplacé.
10 5e suppléant. — N'a pas siégé.
11 Traduit au tribunal révolutionnaire le 3 octobre 1793; remplacé par Thoulouze le 24 fructidor an II (p. 198). Rentre à la Convention en l'an III.
12 Ce député figure seulement sur une liste du Comité des décrets comme n'acceptant pas et remplacé par Genin le 7 août 1793 (p. 189).

GARDIEN (Jean-François-Martin), *Indre-et-Loire* [1].
GARILHE (François-Clément-Privat), *Ardèche* [2].
GARNIER (Antoine-Marie-Charles), *Aube*.
GARNIER (Charles-Louis-Antoine-Eugène), *Pas-de-Calais* [3].
GARNIER (Jacques), *Charente-Inférieure*.
GARNIER-ANTHOINE (Claude-Xavier), *Meuse* [4].
GARNOT (Pierre-Nicolas), *Saint-Domingue* [5].
GAROS (Louis-Julien), *Vendée*.
GARRAN [DE COULON] (Jean-Philippe), *Loiret*.
GARRAU (Pierre-Anselme), *Gironde*.
GASPARIN (Thomas-Augustin DE), *Bouches-du-Rhône* [6].
GASTON (Reymond), *Ariège*.
*GAUDEMET (........), *Côte-d'Or* [7].
GAUDIN (Joseph-Marie-Jacques-François), *Vendée*.
GAULTIER (René-Claude), *Côtes-du-Nord*.
GAUTHIER (Antoine-François), *Ain*.
GAY VERNON (Léonard), *Haute-Vienne*.
GELIN (Jean-Marie), *Saône-et-Loire*.
GENEVOIS (Louis-Benoît), *Isère*.
GENIN (Jean-François), *Mont-Blanc* [8].
GENISSIEU (Jean-Joseph-Victor), *Isère*.
GENSONNÉ (Armand), *Gironde* [9].
GENTIL (François), *Mont-Blanc*.
GENTIL (Michel), *Loiret*.
*GENTY (François-Xavier), *Haute-Vienne* [10].
GEOFFROY jeune (Marie-Joseph), *Seine-et-Marne*.
GERARD DESRIVIERES (Jacob), *Orne*. — Voy. DESRIVIERES.

[1] Condamné à mort le 9 brumaire an II; remplacé par Pothier le 10 frimaire an II. (Voy. proc.-verb. p. 242.)
[2] Un des 73; rappelé le 18 frimaire an III (p. 61).
[3] 4e suppléant; remplace Le Bas, le 14 vendémiaire an III. (Voy. proc.-verb., p. 288.)
[4] 3e suppléant; remplace, le 3 septembre 1793, Tocquot démissionnaire. (V. proc.-verb., p. 46.)
[5] Admis le 16 messidor an II. (Voy. proc.-verb., p. 25.)
[6] Annonce de sa mort par une lettre du 21 brumaire an II. (V. le proc.-verb., p. 294.) N'est pas remplacé.
[7] 3e suppléant. — N'a pas siégé.
[8] 2e suppléant; remplace, le 7 août 1793 (p. 189), Garan démissionnaire.
[9] Condamné à mort le 9 brumaire an II.
[10] 3e suppléant; suspendu de ses fonctions judiciaires. — N'a pas siégé.

GERENTE (Joseph-Fiacre-Olivier), *Drôme* et *Vaucluse* [1].
GERMIGNAC (Jacques-François), *Corrèze* [2].
GERTOUX (Brice), *Hautes-Pyrénées*.
GIBERGUES (Pierre), *Puy-de-Dôme*.
*GILBERT (Nicolas-Pierre), *Ille-et-Vilaine* [3].
GILLET (Pierre-Mathurin), *Morbihan*.
GIRARD (Antoine-Marie-Anne), *Aude*.
*GIRARD (Barthélemy), *Lozère* [4].
GIRARD [VILLARS] (Charles-Jacques-Etienne), *Vendée*.
GIRAUD (Marc-Antoine-Alexis), *Charente-Inférieure*.
GIRAUD (Pierre-François-Félix-Joseph), *Allier*.
GIRAULT (Claude-Joseph), *Côtes-du-Nord* [5].
GIROT [POUZOL] (Jean-Baptiste), *Puy-de-Dôme*.
GIROUST (Jacques-Charles), *Eure-et-Loir* [6].
GLEIZAL (Claude), *Ardèche*.
GODEFROI YZARN, dit VALADY, *Aveyron*. — Voy. VALADY.
GODEFROY (Charles-François-Marie), *Oise*.
GOMAIRE (Jean-René), *Finistère* [7].
GORSAS (Antoine-Joseph), *Seine-et-Oise* [8].
GOSSUIN (Constant-Joseph-Eugène), *Nord*.
GOUDELIN (Guillaume-Julien-Pierre), *Côtes-du-Nord*.
GOUJON (Jean-Marie-Claude-Alexandre), *Seine-et-Oise* [9].
GOULY (Benoît-Louis), *Ile-de-France* [10].
GOUPILLEAU [DE FONTENAY] (Jean-François-Marie), *Vendée*.
GOUPILLEAU [DE MONTAIGU] (Philippe-Charles-Aimé), *Vendée*.

[1] Un des 73; rappelé le 18 frimaire an III. Il devint député du Vaucluse, avec Rovère, lors de la formation de ce département.
[2] Meurt de maladie; annonce de son décès le 19 décembre 1792. (Voy. proc.-verb., p. 291.)
[3] 2e suppléant; donne sa démission le 27 juillet 1793 (voy. proc.-verb., p. 293); arrêté à Rennes. — N'a pas siégé.
[4] 1er suppléant. — Ne paraît pas avoir siégé.
[5] Un des 73; rappelé le 18 frimaire an III (p. 61).
[6] Un des 73; rappelé le 18 frimaire an III.
[7] Mis en arrestation le 2 juin 1793. Rentre à la Convention en l'an III.
[8] Nommé dans l'Orne et dans Seine-et-Oise, opte pour Seine-et-Oise et est remplacé dans l'Orne par Fourmy. Condamné à mort le 7 octobre 1793, il est remplacé dans Seine-et-Oise par Venard, le 16 juillet 1793. (Voy. proc.-verb., p. 201.)
[9] 6e suppléant; remplace, le 26 germinal an II (p. 238), Hérault Séchelles. Il est décrété d'arrestation le 1er prairial an III et se tue le 29 prairial.
[10] Admis le 5 octobre 1793. (Voy. proc.-verb., p. 95.)

GOURDAN (Claude-Christophe), *Haute-Saône*.
GOUZY (Jean-Paul-Louis), *Tarn*.
GOYRE LAPLANCHE (Jacques-Léonard), *Nièvre*.
*GRAIZELÉ (.....), *Mont-Terrible*[1].
*GRANDIN (Jacques-Pierre), *Seine-Inférieure*[2].
GRANET (François-Omer), *Bouches-du-Rhône*.
GRANGENEUVE (Jean-Antoine), *Gironde*[3].
GRÉGOIRE (Henri), *Loir-et-Cher*.
*GRENIER (.....), *Pas-de-Calais*[4].
GRENOT (Antoine), *Jura*[5].
*GRENUS (Jacques), *Mont-Blanc*[6].
GRIMMER (Jean-Gotthard), *Bas-Rhin*[7].
GROSSE DUROCHER (François), *Mayenne*.
*GROUVELLE (Philippe-Antoine), *Seine-et-Oise*[8].
GUADET (Marguerite-Élie), *Gironde*[9].
GUCHAN (Pierre), *Hautes-Pyrénées*[10].
*GUÉRIN (Henri-Paul), *Charente-Inférieure*[11].
*GUÉRIN [DES MARCHAIS] (Pierre), *Loiret*.
GUERMEUR (Jacques-Tanguy-Marie), *Finistère*.
GUEZNO (Mathieu), *Finistère*.
GUFFROY (Amand-Benoît-Joseph), *Pas-de-Calais*.
*GUILHERMIN (.....), *Guadeloupe*[12].
GUILLEMARDET (Ferdinand-Pierre-Marie-Dorothée), *Saône-et-Loire*.
GUILLERAULT (Jean-Guillaume), *Nièvre*.
GUILLERMIN (Claude-Nicolas), *Saône-et-Loire*[13].

1 1er suppléant. — N'a pas siégé.
2 4e suppléant. — Ne paraît pas avoir siégé.
3 Exécuté à Bordeaux le 1er nivôse an II. (Voy. proc.-verb. du 6 nivôse, p. 107.)
4 3e suppléant. — N'a pas siégé.
5 Un des 73; rappelé le 18 frimaire an III (p. 61).
6 3e suppléant, né à Genève. — Ne paraît pas avoir siégé.
7 3e suppléant; admis le 10 ventôse an III. (Voy. proc.-verb., p. 184.
8 2e suppléant; appelé à remplacer Kersaint, refuse de siéger.
9 Arrêté le 2 juin 1793; mis à mort à Bordeaux le 15 juin 1794.
10 2e suppléant; remplace Dupont le 11 pluviôse an II. (Voy. proc.-verb., p. 249.)
11 4e suppléant. — N'a pas siégé.
12 Mort en route se rendant en France, fut remplacé par Lion, 1er suppléant. — N'a pas siégé.
13 Annonce de son décès le 19 avril 1793 (p. 58); il est remplacé par Jacob, le 26 mai. (Voy. proc.-verb., p. 176.)

GUIMBERTEAU (Jean), *Charente.*
GUIOT (Florent), *Côte-d'Or.*
GUITER (Joseph), *Pyrénées-Orientales* [1].
GUITTARD (Jean-Baptiste), *Haut-Rhin* [2].
GUMERY (Michel), *Mont-Blanc.*
GUYARDIN (Louis), *Haute-Marne.*
*GUYARDIN (Simon-Nicolas), *Seine-et-Marne* [3].
GUYÈS (Jean-François), *Creuse* [4].
GUYET-LAPRADE (Pierre-Jules), *Lot-et-Garonne.*
GUYOMAR (Pierre), *Côtes-du-Nord.*
GUYTON-MORVEAU (Louis-Bernard), *Côte-d'Or.*

H

*HAGUETTE (Antoine), *Ardennes* [5].
HARDY (Antoine-François), *Seine-Inférieure* [6].
HARMAND (Jean-Baptiste), *Meuse.*
HAUSSMANN (Nicolas), *Seine-et-Oise.*
HAVIN (Léonor), *Manche.*
HECQUET (Charles-Robert), *Seine-Inférieure* [7].
HENRY-LARIVIÈRE (Pierre-François-Joachim), *Calvados.* — Voy. LARIVIÈRE.
HENTZ (Nicolas), *Moselle.*
HERARD (Jean-Baptiste), *Yonne.*
HERAULT [SECHELLES] (Marie-Jean), *Seine-et-Oise* [8].

[1] Un des 73; rappelé le 18 frimaire an III (p. 61).
[2] 1er suppléant; admis par voie de tirage au sort, le 5 floréal an III. (Voy. proc.-verb., p. 86.)
[3] 3e suppléant. — N'a pas siégé.
[4] Mort le 3 frimaire an II (proc.-verb., p. 133); remplacé par Faure (Amable.)
[5] 3e suppléant. — N'a pas siégé. Ne figure pas au procès-verbal des élections; mais a signé le registre d'inscription. En l'an II, il est dit président de l'ancienne administration du département.
[6] Traduit au tribunal révolutionnaire, le 3 octobre 1793. Rentre plus tard à la Convention.
[7] Un des 73; rappelé le 18 frimaire an III (p. 61).
[8] Nommé dans la Somme et dans Seine-et-Oise, opte pour Seine-et-Oise. Condamné à mort le 16 germinal an II, il est remplacé par Goujon, le 26 germinal. (Voy. proc.-verb., p. 238.)

*HEUDELINE (....), *Manche* [1].
HIMBERT (Louis-Alexandre), *Seine-et-Marne*.
HOULIERE (Louis-Charles-Auguste DE), *Maine-et-Loire*. — Voy. DEHOULIERE.
HOURIER ÉLOY (Charles-Antoine), *Somme* [2].
HUBERT [DUMANOIR] (Jean-Michel), *Manche*.
HUGO (Joseph), *Vosges* [3].
HUGUET (Marc-Antoine), *Creuse*.
HUMBERT (Sébastien), *Meuse*.
*HUMBLOT (Nicolas), *Haute-Saône* [4].

I

ICHON (Pierre), *Gers*.
*IMBERT [DUPUY] (Claude-Augustin), *Haute-Loire* [5].
INGRAND (François-Pierre), *Vienne*.
ISNARD (Maximin), *Var* [6].
ISORÉ (Jacques), *Oise*.
IZOARD (Jean-François-Auguste), *Hautes-Alpes*.

J

JAC (Jacques), *Gard*.
JACOB (Claude), *Saône-et-Loire* [7].
JACOB (Dominique), *Meurthe* [8].
JACOMIN (Jean-Jacques-Hippolyte), *Drôme*.

[1] 4e suppléant. — N'a pas siégé.

[2] Révoqué par l'assemblée électorale après sa nomination, il est rétabli par la Convention dans la séance du 1er octobre 1792 (p. 13).

[3] Déchu le 30 septembre 1793 pour cause de maladie (voy. proc.-verb., p. 338); remplacé, le 13 octobre (p. 31), par Cherrier (Jean-Claude).

[4] 1er suppléant. — N'a pas siégé (médecin militaire accusé de tuer ses malades).

[5] 4e suppléant. — N'a pas siégé.

[6] Mis en accusation le 3 octobre, il s'évade. Rentre à la Convention le 4 décembre 1794.

[7] 2e suppléant; remplace Guillermin le 26 mai 1793 (p. 145); donne sa démission le 16 septembre; est remplacé par Millard, le 16 vendémiaire an II. (Voy. proc.-verb., p. 145.)

[8] 3e suppléant; remplace Mollevaut le 22 juillet 1793. (Voy. proc.-verb., p. 79.)

JAGOT (Grégoire-Marie), *Ain.*
*JANOD (Jean-Joseph-Joachim), *Jura*[1].
*JANSON (....), *Doubs*[2].
JARD-PANVILLIER (Louis-Alexandre), *Deux-Sèvres.*
JARY (Marie-Joseph), *Loire-Inférieure*[3].
JAVOGUES fils (Claude), *Rhône-et-Loire.*
JAY (Jean), *Gironde.*
JEANBON SAINT-ANDRÉ (André), *Lot*[4].
JEANNEST [LA NOUE] (Pierre-Edme-Nicolas), *Yonne*[5].
*JEANNET-OUDIN (Louis-François), *Aube*[6].
JOHANNOT (Jean), *Haut-Rhin.*
*JOLLY-PILLOY (....), *Marne*[7].
JORRAND (Louis), *Creuse.*
*JOSSE (....), *Marne*[8].
JOUBERT (Louis), *Hérault*[9].
JOUËNNE [LONCHAMP] (Thomas-François-Ambroise), *Calvados.*
JOURDAN (Jean-Baptiste), *Nièvre.*
*JOURDAN (Louis-Antoine), *Drôme*[10].
JOURDE (Gilbert-Amable), *Puy-de-Dôme*[11].
*JUBÉ (Auguste), *Manche*[12].
JULIEN (Jean), *Haute-Garonne*[13].
· JULLIEN (Marc-Antoine), *Drôme.*
JULLIEN DUBOIS, *Orne.* — Voy. DUBOIS.

1 2e suppléant; non porté au registre d'inscription.
2 1er suppléant. — Détenu comme suspect, n'a pas siégé.
3 Un des 73; rappelé le 18 frimaire an III (p. 61).
4 Décrété d'arrestation le 9 prairial an III. (Voy. proc.-verb., p. 175.)
5 3e suppléant; remplace Jacques Boilleau, sur le refus de Boilleau aîné, le 9 frimaire an II. (Voy. proc.-verb., p. 227.)
6 1er suppléant; envoyé en mission à Cayenne. — N'a pas siégé. Le nom de Jeannet-Oudin est donné par le procès-verbal d'élection.
7 3e suppléant. — N'a pas siégé.
8 1er suppléant. — N'a pas siégé.
9 3e suppléant; remplace, le 10 pluviôse an II, Rouyer. (Voy. proc.-verb., p. 233.)
10 2e suppléant; démissionnaire avant le 10 brumaire an II. — Ne paraît pas avoir siégé.
11 2e suppléant; remplace Couthon le 4 vendémiaire an III. (Voy. proc.-verb., p. 92.)
12 1er suppléant. — N'a pas siégé; destitué comme officier nommé par Wimpfen.
13 Mis en accusation le 26 ventôse an II (p. 541); rentre le 20 germinal an III. (Voy. proc.-verb., p. 124.)

K

KARCHER (Henry), *Moselle* [1].
KERSAINT (Armand-Gui-Simon), *Seine-et-Oise* [2].
KERVELEGAN (Augustin-Bernard-François LE GOAZRE), *Finistère* [3].

L

LAA (Antoine), *Basses-Pyrénées* [4].
LA BOISSIÈRE (Jean-Baptiste), *Lot.*
*LABORDE (....), *Seine-et-Marne* [5].
LACAZE fils aîné (Jacques), *Gironde* [6].
LACOMBE (Joseph-Henri), *Aveyron.*
LACOMBE SAINT-MICHEL (Pierre-Jean), *Tarn.*
LACOSTE (Elie), *Dordogne.*
LACOSTE (Jean-Baptiste), *Cantal.*
*LACOSTE (........), *Gers* [7].
LACRAMPE (Jean), *Hautes-Pyrénées.*
LACROIX (Jean-François DE), *Eure-et-Loir.* — Voy. DELACROIX.
LACROIX (Jean-Michel), *Haute-Vienne* [8].
LAFON (Pierre-Raymond), *Corrèze* [9].
LAFORÊST aîné (Etienne-Bussière), *Saint-Domingue* [10].

[1] 3e suppléant; remplace, le 25 brumaire an II, Anthoine décédé. (Voy. proc.-verb., p. 229.)
[2] Démissionnaire le 22 février 1793. (Voy. proc-verb., p. 373.) Condamné à mort le 14 frimaire an II, est remplacé par H. Richaud.
[3] Mis hors la loi le 28 juillet 1793, s'évade; est remplacé, le 7 août, par Bruno Boissier (p. 197); rappelé en l'an III, est blessé pendant la journée du 1er prairial.
[4] 2e suppléant; remplace, le 8 août 1793, Meillan démissionnaire. (Voy. proc.-verb., p. 214.)
[5] 6e suppléant. — N'a pas siégé.
[6] 1er suppléant; admis dès le début. Condamné à mort le 9 brumaire an II.
[7] 3e suppléant. — N'a pas siégé ; détenu à Toulouse.
[8] Un des 73 ; rappelé le 18 frimaire an III (p. 61).
[9] 1er suppléant; remplace Germignac mort de maladie avant le 19 décembre 1792. (Voy. proc.-verb., p. 291.)
[10] 1er suppléant ; remplace, le 5 fructidor an III (p. 53), Rechin démissionnaire (p. 53). Il a signé *Laforêst aîné* au registre des Archives.

*LAGODRIE (....), *Vienne*[1].
*LAGRANGE (Joseph-Louis), *Seine-et-Oise*[2].
LAGUIRE (Joseph), *Gers*.
LA HOSDINIÈRE (Charles-Ambroise BERTRAND), *Orne*. — Voy. BERTRAND.
LAIGNELOT (Joseph-François), *Paris*.
LAKANAL (Joseph), *Ariège*.
LALANDE (Luc-François), *Meurthe*.
LALOÜE (Jean-Robin), *Puy-de-Dôme*[3].
*LALOY [aîné] (Jean-Nicolas), *Haute-Marne*[4].
LALOY [jeune] Pierre-Antoine), *Haute-Marne*.
LAMARQUE (François), *Dordogne*.
LAMARRE (Antoine DE), *Oise*. — Voy. DELAMARRE.
LAMBERT [DE BELAN] (Charles), *Côte-d'Or*.
*LAMERVILLE (....), *Cher*[5].
LANJUINAIS (Jean-Denis), *Ille-et-Vilaine*[6].
LANOT (Antoine-Joseph), *Corrèze*.
LANTHENAS (François), *Rhône-et-Loire*[7].
LAPLAÏGNE (Antoine), *Gers*[8].
LAPLANCHE (Jacques-Léonard GOYRE), *Nièvre*. — Voy. GOYRE LAPLANCHE.
LA PORTE (Marie-François-Sébastien), *Haut-Rhin*[9].
*LA PORTE BELVIALA (Étienne-Anne-Augustin), *Lozère*[10].
LA PRISE (Thomas), *Orne*. — Voy. THOMAS.
*LARABIT (Denis-Pierre), *Ile de la Réunion*[11].

1 3e suppléant. — N'a pas siégé.
2 3e suppléant; appelé à remplacer Kersaint, au refus de Grouvelle, n'accepte pas.
3 1er suppléant; remplace Thomas Paine dès le début.
4 2e suppléant. — N'a pas siégé.
5 Ancien Constituant, Lamerville fut élu le premier député du Cher; mais, comme il présidait aux opérations électorales, il s'excusa, séance tenante, sur sa santé, et fut de suite remplacé par Torné.
6 Mis en accusation avec les Girondins, remplacé le 27 juillet 1793 par Tréhouart qui est admis le 4 août (p. 115). Rentre à la Convention en 1795.
7 Nommé dans la Haute-Loire et Rhône-et-Loire. Remplacé dans la Haute-Loire par Barthélemi.
8 Un des 73; rappelé le 18 frimaire an III (p. 61).
9 Au début de 1793, il signe souvent : Séb. de La Porte, en un seul mot.
10 2e suppléant. — N'a pas siégé. Se présente néanmoins aux Archives le 22 pluviôse an III et signe au registre.
11 2e suppléant. — N'a pas siégé.

LARIVIÈRE (Pierre-François-Joachim-Henry), *Calvados*[1].

LA ROCHETTE (Jean-Mathieu-Pascal), *Isère*. — Voy. PASCAL LA ROCHETTE.

LARROCHE (Jean-Félix-Samuel), *Lot-et-Garonne*[2].

LASOURCE (Marc-David-Albin), *Tarn*[3].

LAURENCE (André-François), *Manche*[4].

LAURENCEOT (Jacques-Henri), *Jura*[5].

LAURENS (Bernard), *Bouches-du-Rhône*[6].

LAURENT (Antoine-Jean-Blaise), *Lot-et-Garonne*.

LAURENT (Claude-Hilaire), *Bas-Rhin*.

LAUZE-DEPERRET (Claude-Romain), *Bouches-du-Rhône*[7].

LAVICOMTERIE (Louis-Charles DE), *Paris*[8].

LE BAS (Philippe-François-Joseph), *Pas-de-Calais*[9].

*LE BLANC (André), *Nièvre*[10].

LE BLANC [DE SERVAL] (Jean-Baptiste-Benoît), *Bouches-du-Rhône*[11].

LE BON (Gratien-François-Joseph), *Pas-de-Calais*[12].

LE BRETON (Roch-Pierre-François), *Ille-et-Vilaine*[13].

LE CARLIER (Marie-Jean-François-Philbert), *Aisne*.

LE CARPENTIER (Jean-Baptiste), *Manche*.

*LECLER (Marien), *Creuse*[14].

LE CLERC (Claude-Nicolas), *Loir-et-Cher*.

1 Mis en arrestation le 2 juin 1793 ; remplacé, le 11 août, par Cosnard (p. 269). Rentré à la Convention en l'an III.

2 Déclaré démissionnaire en juin 1793; remplacé, le 9 frimaire an II, par Cabarroc (p. 227). Rappelé le 20 germinal an III (p. 113).

3 Condamné à mort le 9 brumaire an II; remplacé par Deltel. On le nomme quelquefois Marie-David-Albin.

4 Un des 73 ; rappelé le 18 frimaire an III (p. 61).

5 Un des 73 ; rappelé le 18 frimaire an III.

6 3e suppléant; appelé en 1793. Vote dans le procès de Louis XVI.

7 Condamné à mort le 9 brumaire an II.

8 Décrété d'arrestation le 9 prairial an III. (Voy. proc.-verb., p. 175.)

9 Mis à mort le 10 thermidor an II.

10 3e suppléant. — N'a pas siégé.

11 6e suppléant; admis le 22 nivôse an II. (Voy. proc.-verb., p. 166.)

12 2e suppléant; remplace, le 1er juillet 1793 (p. 24), Magniez. Il est exécuté à Amiens, le 26 vendémiaire an IV.

13 Un des 73; rappelé le 18 frimaire an III (p. 61).

14 3e suppléant. — N'a pas siégé. Il est qualifié, en floréal an II, ancien commissaire national auprès du tribunal criminel du département, membre du directoire du district d'Evaux.

*LECLERC (Jean-Baptiste), *Maine-et-Loire*[1].
*LECLERC (Michel-Joseph), *Var*[2].
*LE COCQ (....), *Charente*[3].
LECOINTE-PUYRAVEAU (Michel-Mathieu), *Deux-Sèvres.*
LECOINTRE (Laurent), *Seine-et-Oise.*
LECOMTE (Pierre), *Seine-Inférieure*[4].
*LE DISSEZ fils (Pierre-Claude-François), *Côtes-du-Nord*[5].
LE FEBVRE [DE CHAILLY] (Julien), *Loire-Inférieure*[6].
LEFEBVRE (Pierre-Louis-Stanislas), *Seine-Inférieure*[7].
*LEFEBVRE (....), *Oise*[8].
LEFIOT (Jean-Alban), *Nièvre.*
LEFRANC (Jean-Baptiste), *Landes.*
LEGENDRE (François-Paul), *Nièvre.*
LEGENDRE (Louis), *Paris.*
LEGOT (Alexandre), *Calvados.*
*LEGUILLON (....), *Pas-de-Calais*[9].
LEHARDI (Pierre), *Morbihan*[10].
LEHAULT (Bernard-Pierre), *Sarthe*[11].
LEJEUNE (René-François), *Mayenne.*
LEJEUNE (Silvain-Phalier), *Indre.*
LEMAIGNAN (Julien-Camille), *Maine-et-Loire.*
LEMALLIAUD (Joseph-François), *Morbihan.*

1 Démissionnaire le 13 août 1793 (voy. proc.-verb., p. 308); remplacé, le 28 septembre, par Menuau (p. 293).

2 4e suppléant, ajouté à la liste par suite de la démission de Dubois de Crancé. — N'a pas siégé.

3 3e suppléant. — N'a pas siégé.

4 1er suppléant; remplace, le 25 juillet 1793, Delahaye, déclaré démissionnaire (et non Duval, comme le dit par erreur le procès-verbal — Voy. p. 217). Il est qualifié, en floréal an II, volontaire au bataillon des Côtes-du-Nord.

5 3e suppléant. — N'a pas siégé.

6 Un des 73; rappelé le 18 frimaire an III (p. 61).

7 Un des 73; rappelé le 18 frimaire an III.

8 4e suppléant; nommé dans une assemblée électorale particulière, le 12 novembre 1792, le 1er suppléant Bezart étant entré à la Convention en remplacement de Thomas Paine. — N'a pas siégé.

9 Nommé 4e suppléant; n'accepte pas et est remplacé de suite par les électeurs.

10 Condamné à mort le 9 brumaire an II; remplacé par Brüe, le 7 frimaire. (Voy. proc.-verb., p. 181.)

11 1er suppléant; remplace, le 16 pluviôse an II, Chevalier démissionnaire. (Voy. proc.-verb., p. 1.)

LÉMANE (Antoine), *Mont-Terrible* [1].
*LEMARCHAND (Nicolas-Anne), *Ile de la Réunion* [2].
LEMARECHAL (Denis), *Eure* [3].
LEMOINE (Jean-Angélique), *Manche*.
LEMOINE (Joachim-Thadée-Louis), *Calvados* [4].
LEMOŸNE (Jean-Claude), *Haute-Loire* [5].
LEONARD BOURDON (Louis-Jean-Joseph), *Loiret*. — Voy. BOURDON.
LE PAGE (Louis-Pierre-Nicolas-Marie), *Loiret*.
LEPELETIER [DE SAINT-FARGEAU] (Louis-Michel), *Yonne* [6].
*LE PREDOUR (Louis-Joseph-Marie), *Finistère* [7].
*LE PREUX [POINCY] (Louis-François), *Seine-et-Marne* [8].
LEQUINIO (Joseph-Marie), *Morbihan*.
*LE ROI D'EMBLEVILLE (....), *Bouches-du-Rhône* [9].
LESAGE (Denis-Toussaint), *Eure-et-Loir* [10].
LESAGE SENAULT (Gaspard-Jean-Joseph), *Nord*.
LESPINASSE (Jean-Joseph-Louis), *Haute-Garonne* [11].
LESTERPT [BEAUVAIS] (Benoît), *Haute-Vienne* [12].
LESTERPT [l'aîné] (Jacques), *Haute-Vienne* [13].
LE TOURNEUR (Emmanuel-Pierre), *Sarthe*.
LE TOURNEUR (Etienne-François-Louis-Honoré), *Manche*.
LE VASSEUR (Antoine-Louis), *Meurthe*.

[1] Admis en 1793, après le jugement de Louis XVI.

[2] Ordre du jour sur sa demande d'admission (23 mars 1793, p. 169); puis il refuse par lettre datée de Baltimore (10 prairial); remplacé par Detchéverry, le 26 vendémiaire an IV (p. 156).

[3] Démissionnaire le 27 septembre 1793 ; remplacé par Bidault, le 23 nivôse an II. (Voy. proc.-verb., p. 189.)

[4] 3e suppléant; remplace, le 9 pluviôse an II, Fauchet. (Voy. proc.-verb., p. 206.)

[5] 2e suppléant ; remplace Ant. Rongiès démissionnaire, le 1er octobre 1793. (Voy. proc.-verb., p. 25.)

[6] Tué au Palais-Royal le 20 janvier 1793.

[7] 2e suppléant. — N'a pas siégé. Condamné à mort et exécuté le 3 prairial an II.

[8] 8e suppléant. — N'a pas siégé.

[9] Elu dans une élection complémentaire 7e suppléant et condamné à mort par le tribunal révolutionnaire avant le 11 floréal II. — Ne siégea pas.

[10] Mis en arrestation le 2 juin 1793, et remplacé le 15 juillet ; s'évade et rentre à la Convention en l'an III.

[11] 3e suppléant; remplace, le 10 germinal an III, De Sacy décédé en vendémiaire. (Voy. proc.-verb., p. 84.)

[12] Condamné à mort le 9 brumaire an II.

[13] 1er suppléant ; admis le 9 ventôse an III. (Voy. proc.-verb., p. 169.)

LEVASSEUR (René), *Sarthe*.
LEYRIS (Augustin-Jacques), *Gard*.
LIDON (Bernard-François), *Corrèze* [1].
*LIGERET (François), *Côte-d'Or* [2].
LINDET (Jean-Baptiste-Robert), *Eure* [3].
LINDET (Robert-Thomas), *Eure*.
LION (Pierre-Joseph), *Guadeloupe* [4].
LITTÉE (Janvier), *Martinique* [5].
LOBINHES (Louis), *Aveyron*.
LOFFICIAL (Louis-Prosper), *Deux-Sèvres*.
LOISEAU (Jean-François), *Eure-et-Loir*.
*LOLIVIER (Jean-Baptiste), *Meuse* [6].
LOMBARD LACHAUX (Pierre), *Loiret*.
LOMONT (Claude-Jean-Baptiste), *Calvados*.
*LOMONT (François), *Calvados* [7].
LONCHAMP (Thomas-François-Ambroise JOUËNNE), *Calvados*. — Voy. JOUËNNE LONCHAMP.
LONCLE (René-Charles), *Côtes-du-Nord* [8].
LONQÜEUE (Louis), *Eure-et-Loir* [9].
LOUCHET (Louis), *Aveyron*.
LOUIS (Jean-Antoine), *Bas-Rhin*.
LOUVET [DE COUVRAI] (Jean-Baptiste), *Loiret* [10].
LOUVET (Pierre-Florent), *Somme*.
LOYSEL (Pierre), *Aisne*.

[1] Déclaré démissionnaire le 15 juillet 1793 (p. 178); remplacé par Plazanet le 8 août (p. 214). Se tue à Bergerac, le 24 brumaire an II. (Voy. proc.-verb., p. 215.)

[2] 4e suppléant. — N'a pas siégé.

[3] Décrété d'accusation le 9 prairial an III (p. 175); mis en arrestation le 2 thermidor.

[4] 1er suppléant. Remplace Guillermin mort en route.

[5] Validé le 5 septembre 1793, prend séance le 18. (Voy. proc.-verb., p. 118.)

[6] 1er suppléant; appelé à remplacer Moreau et Tocquot, refuse par lettre en date du 22 août 1793. — N'a pas siégé.

[7] 4e suppléant. — N'a pas siégé.

[8] Annonce de son décès survenu le 14 ventôse an II (Voy. proc.-verb., p. 37); remplacé par Pierre Toudic qui est admis en l'an III.

[9] 4e suppléant; remplace, le 14 juillet 1793, Petion. (Voy. proc.-verb., p. 147.)

[10] Nommé député en remplacement de Condorcet optant pour l'Aisne. Déclaré démissionnaire et remplacé, le 26 juillet 1793, par Gaillard (Voy. proc.-verb., p. 262); rentre le 8 mars 1795.

LOZEAU (Paul-Augustin), *Charente-Inférieure.*
LUDOT (Antoine-Nicolas), *Aube* [1].
*LULIER (Louis-Marie), *Paris* [2].

M

*MACÉ (.....), *Manche* [3].
*MACQUART (Moutain-Louis), *Ardennes* [4].
MAGNIEZ (Antoine-Guillain), *Pas-de-Calais* [5].
MAIGNEN (François), *Vendée.*
MAIGNET (Étienne-Christophe), *Puy-de-Dôme* [6].
MAILHE (Jean-Baptiste), *Haute-Garonne.*
*MAILLARD MILLET (....), *Haute-Marne* [7].
MAILLY (Antoine), *Saône-et-Loire.*
*MAILLY (DELAUNAI DE), *Somme.* — Voy. DELAUNAI.
MAINVIELLE. — Voy. MINVIELLE.
MAISSE (Marius-Félix), *Basses-Alpes* [8].
*MALHES (Joseph), *Cantal* [9].
MALHES (Pierre), *Cantal* [10].
MALLARMÉ (François-René-Auguste), *Meurthe* [11].
MALLET (Charles-Philippe), *Nord* [12].
*MAMAROT (......), *Ardèche* [13].

1 2e suppléant; remplace, le 22 août 1793, Rabaut Saint-Etienne. (Voy. proc.-verb., p. 147.)
2 1er suppléant. — N'a pas siégé, par suite de refus.
3 5e suppléant. — N'a pas siégé.
4 4e suppléant. — N'a pas siégé.
5 Mis en arrestation le 22 juin 1793 (p. 197); remplacé par Lebon, le 1er juillet (p. 24). Rentre à la Convention le 10 thermidor an III. (Voy. proc.-verb., p. 133.)
6 Décrété d'arrestation le 16 germinal an III. (Voy. proc.-verb., p. 15.)
7 3e suppléant. — N'a pas siégé.
8 Un des 73; rappelé le 18 frimaire an III (p. 61).
9 N'accepte pas; remplacé, le 7 octobre 1793, par Malhes (Pierre), 1er suppléant. (Voy. proc.-verb., p. 145.)
10 1er suppléant; remplace, dès le début, Joseph Malhes non acceptant. Démissionnaire lui-même, il est remplacé, le 6 octobre 1793, par Mirande. (Voy. proc.-verb., p. 118, 145.)
11 Décrété d'arrestation le 13 prairial an III. (Voy. proc.-verb., p. 241.)
12 1er suppléant; remplace Fockedey démissionnaire, le 5 avril 1793. (Voy. proc.-verb., p. 95.)
13 3e suppléant. — N'a pas siégé.

MANUEL (Pierre-Louis), *Paris*[1].
MARAS (Claude-Julien), *Eure-et-Loir*[2].
MARAT (Jean-Paul), *Paris*[3].
MARBOS (François), *Drôme*[4].
MARCOZ (Jean-Baptiste-Philippe), *Mont-Blanc*.
MAREC (Pierre), *Finistère*.
MARÉCHAL. — Voy. LEMARÉCHAL.
*MAREST (Étienne), *Seine-et-Marne*[5].
MAREY [jeune] (Nicolas-Joseph), *Côte-d'Or*.
MARIBON-MONTAUT (Louis), *Gers*[6].
MARIETTE (Jacques-Christophe-Luc), *Seine-Inférieure*.
MARIN (Anthelme), *Mont-Blanc*[7].
MARQUIS (Jean-Joseph), *Meuse*[8].
MARRAGON (Jean-Baptiste), *Aude*.
*MARRAST (Pierre), *Haute-Garonne*[9].
MARTEL (Pourçain), *Allier*.
*MARTIN (Nicolas-Félix), *Vosges*[10].
MARTIN [SAINT-ROMAIN] (Jean-Baptiste), *Somme*.
*MARTINEAU (Ambroise-Jean-Baptiste), *Vendée*[11].
MARTINEAU (Louis), *Vienne*.
MARTINEL (Joseph-Marie-Philippe), *Drôme*[12].
MARVEJOULS (Pierre-Stanislas), *Tarn*.
MASSA (Ruffin), *Alpes-Maritimes*[13].
MASSIEU (Jean-Baptiste), *Oise*.

[1] Démissionnaire le 19 janvier 1793 (p. 302); remplacé par Boursault. Condamné à mort le 24 brumaire an II.
[2] 2e suppléant ; admis le 23 nivôse an II. (Voy. proc.-verb., p. 189.)
[3] Tué le 13 juillet 1793 par Charlotte Corday; remplacé par Fourcroy, le 25 juillet (p. 217).
[4] Un des 73 ; rappelé le 18 frimaire an III (p. 61).
[5] 7e suppléant. — N'a pas siégé.
[6] Décrété d'accusation le 2 prairial an III. (Voy. proc.-verb., p. 45.)
[7] Signe au registre des Archives le 19 mars 1793.
[8] Nommé en même temps 1er suppléant du Loiret, refuse dans ce département où il est remplacé par Bordier de Neuville.
[9] 4e suppléant. — N'a pas siégé.
[10] 3e suppléant. Appelé pour remplacer Bresson, tombe malade en route. Il envoie sa démission qui est acceptée le 7 floréal an III (p. 97).
[11] 1er suppléant. — N'a pas siégé.
[12] 1er suppléant, admis en place de Rigaud, le 18 octobre 1792 (Voy. p. 66 du proc.-verb.).
[13] Admis le 23 mai 1793 (p. 122). Un des 73; rappelé le 18 frimaire an III (p. 61).

MASUYER (Claude-Louis), *Saône-et-Loire* [1].
MATHIEU (Jean-Baptiste-Charles), *Oise.*
MAUDUYT (François-Pierre-Ange), *Seine-et-Marne.*
MAULDE (Pierre-Jacques), *Charente* [2].
*MAUPASSANT (César), *Loire-Inférieure* [3].
MAURE aîné (Nicolas), *Yonne* [4].
MAUREL (Jean-François), *Ille-et-Vilaine* [5].
MAURICE (Jean-Pierre-Nicolas), *Martinique* [6].
MAZADE [PERCIN] (Julien-Bernard-Dorothée), *Haute-Garonne.*
MÉAULLE (Jean-Nicolas), *Loire-Inférieure.*
MEILLAN (Arnaud), *Basses-Pyrénées* [7].
MÉJANSAC (Jacques), *Cantal.*
MELLINET (François), *Loire-Inférieure* [8].
*MEMINEAU (....), *Charente* [9].
MENNESSON (Jean-Baptiste-Augustin), *Ardennes* [10].
MENUAU (Henri), *Maine-et-Loire* [11].
*MERCIER (André-Charles-François), *Vendée* [12].
MERCIER (Louis-Sébastien), *Seine-et-Oise* [13].
*MERICAMP (Salomon), *Landes* [14].
MERLIN [DE THIONVILLE] (Antoine), *Moselle* [15].

[1] Condamné à mort le 25 ventôse an II; remplacé par Chamborre le 31 juillet 1793. (Voy. proc.-verb., p. 397.)

[2] 1er suppléant; remplace, dès le début, Carra optant pour un autre département.

[3] 2e suppléant. — N'a pas siégé. Assassiné à Machecoul, le 11 mars 1793, par les rebelles de la Vendée.

[4] Se tue le 4 juin 1795.

[5] 1er suppléant; remplace, dès le début, Tardiveau non acceptant.

[6] Suppléant; admis le 10 ventôse an III.

[7] Démissionnaire; remplacé par Laa le 8 août 1793. (Voy. proc.-verb., p. 214.)

[8] Mort avant l'an II; n'est pas remplacé.

[9] Nommé 9e député de la Charente, il refuse avant la clôture des opérations électorales et est remplacé de suite par Crévelier qui venait d'être nommé 3e suppléant, et non par le 1er suppléant Maulde.

[10] Démissionnaire le 5 juin 1793 (p. 92); remplacé par Piette.

[11] 2e suppléant; remplace, le 28 septembre 1793, Leclerc, démissionnaire. (Voy. proc.-verb., p. 293.)

[12] 3e suppléant. — N'a pas siégé.

[13] Nommé dans Seine-et-Oise et dans Loir-et-Cher, comme 1er suppléant. Un des 73; rappelé le 18 frimaire an III.

[14] 1er suppléant. — N'a pas siégé; condamné comme fédéraliste avant le 7 floréal an II, par les commissaires près l'armée des Pyrénées-Occidentales.

[15] Nommé dans la Somme et la Moselle, opte pour la Moselle; est remplacé dans la Somme par François.

MERLIN [DE DOUAI] (Philippe-Antoine), *Nord.*
MERLINO (Jean-Marie-François), *Ain.*
MEYER (Jean-Baptiste), *Tarn.*
*MEYERE (Richard), *Gironde* [1].
MEYNARD (François), *Dordogne.*
MICHAUD (Jean-Baptiste), *Doubs.*
MICHEL (Guillaume), *Morbihan.*
MICHEL (Pierre), *Meurthe.*
MICHET (Antoine), *Rhône-et-Loire* [2].
*MIDI (François), *Mayenne* [3].
MILHAUD (Jean-Baptiste), *Cantal.*
MILLARD (Charles), *Saône-et-Loire* [4].
MILLS (Jean-Baptiste), *Saint-Domingue* [5].
MINVIELLE aîné (Pierre), *Bouches-du-Rhône* [6].
MIRANDE (Nicolas), *Cantal* [7].
MOLLET (Jean-Luc-Antelme), *Ain* [8].
MOLLEVAUT (Étienne), *Meurthe* [9].
MOLTEDO (Antoine), *Corse.*
MONESTIER (Jean-Baptiste-Benoît), *Puy-de-Dôme.*
MONESTIER (Pierre-Laurent), *Lozère.*
MONMAYOU (Hugues-Guillaume-Bernard-Joseph), *Lot.*
MONNEL (Simon-Edme), *Haute-Marne.*
MONNOT (Jacques-François-Charles), *Doubs.*
MONTEGUT (François-Étienne-Sébastien), *Pyrénées-Orientales.*
MONT-GILBERT (François-Agnès), *Saône-et-Loire* [10].

1 Dernier suppléant. — N'a pas siégé; mis hors la loi (6 août 1793) et en fuite. Il était, d'après un document de l'an II, négociant à Bordeaux et administrateur du district. La même pièce le dit réfugié à Francfort.

2 Un des 73 ; rappelé le 18 frimaire an III (p. 61).

3 2e suppléant. — N'a pas siégé.

4 4e suppléant ; remplace Claude Jacob, le 16 vendémiaire an II. (Voy. proc.-verb., p. 145.)

5 Se présente aux Archives le 15 pluviôse an II.

6 4e suppléant ; condamné à mort le 9 brumaire an II.

7 3e suppléant ; remplace, le 7 octobre 1793, P. Malhes, démissionnaire. (Voy. proc.-verb., p. 145.)

8 Démissionnaire le 16 août 1793, comme atteint d'une fistule hémorroïdale ; remplacé par Ferrand le 18 août. (Voy. proc.-verb., p. 62.)

9 Mis en arrestation et remplacé, le 22 juillet 1793, par Dominique Jacob (p. 79). Rentre à la Convention en l'an III.

10 1er suppléant ; remplace, le 27 septembre 1792, Cloots, nommé aussi dans l'Oise.

*MORDANT (Armand-François-Louis), *Eure* [1].
MOREAU (Jean), *Meuse*.
MOREAU (Marie-François), *Saône-et-Loire* [2].
MORIN (François-Antoine), *Aude*.
MORISSON (Charles-François-Gabriel), *Vendée*.
*MOTTE (........), *Hautes-Alpes* [3].
MOULIN (Marcellin), *Rhône-et-Loire*.
*MOURES (Victor-Nicolas), *Meurthe* [4].
*MOURRAILLE (Jean-Baptiste), *Bouches-du-Rhône* [5].
MOŸSE BAYLE. — Voy. BAYLE.
MOŸSSET (Jean), *Gers* [6].
MUSSET (Joseph-Mathurin), *Vendée*.

N

*NERAUD (Pierre), *Indre* [7].
*NEUFCHATEAU (Nicolas-François DE), *Vosges*. — Voy. FRANÇOIS DE NEUFCHATEAU.
NEVEU (Étienne), *Basses-Pyrénées* [8].
NIOCHE (Pierre-Claude), *Indre-et-Loire*.
NIOU (Joseph), *Charente-Inférieure*.
NOAILLY (Pierre), *Rhône-et-Loire* [9].
NOËL (Jean-Baptiste), *Vosges* [10].

[1] 4e suppléant. — N'a pas siégé. Il est appelé, le 8 nivôse an II, en place de Lemarechal (p. 137), et au refus de Bidault qui revient ensuite sur ce refus. Mordant signe deux fois au registre des Archives et en dernier lieu, le 4 germinal an III.

[2] Démissionnaire le 15 août 1793 ; reste à son poste, faute de suppléant.

[3] 2e suppléant. — N'a pas siégé.

[4] 2e suppléant. — N'a pas siégé. Opte pour la place de procureur général syndic, et donne sa démission de député le 3 août 1793. (Voy. proc.-verb., p. 88.)

[5] Démissionnaire, remplacé par Laurens, suppléant. — N'a pas siégé. Le prénom ne se trouve que sur la liste des électeurs d'une des sections de la ville de Marseille.

[6] Un des 73 ; rappelé le 18 frimaire an III (p. 61).

[7] 1er suppléant. — N'a pas siégé.

[8] 1er suppléant ; remplace dès le début Heriart non acceptant.

[9] 3e suppléant ; remplace, le 13 août 1793, Chasset. (Voy. proc.-verb., p. 369.)

[10] Condamné à mort le 18 frimaire an II.

NOGUERES (Thomas), *Lot-et-Garonne*[1].
*NOISSETTE (Gaspard), *Bas-Rhin*[2].

O

OBELIN (Matherin-Jean-François), *Ille-et-Vilaine*[3].
OLIVIER-GERENTE (Joseph-Fiacre), *Drôme* et *Vaucluse*. — Voy. GERENTE.
OPOIX (Christophe), *Seine-et-Marne*.
ORLÉANS (Louis-Philippe-Joseph de Bourbon, duc D'), *Paris*. — Voy. ÉGALITÉ.
OSSELIN (Charles-Nicolas), *Paris*[4].
OUDOT (Charles-François), *Côte-d'Or*.

P

*PACHE (Jean-Nicolas), *Paris*[5].
PÂCRÔS (Benoît-Noël), *Puy-de-Dôme*[6].
PAGANEL (Pierre), *Lot-et-Garonne*.
PAINE (Thomas), *Pas-de-Calais*[7].
PALASNE-CHAMPEAUX (Julien-François), *Côtes du Nord*.
PANIS (Étienne-Jean), *Paris*.
*PASCAL LA ROCHETTE (Jean-Mathieu), *Isère*[8].
PATRIN (Eugène-Melchior-Louis), *Rhône-et-Loire*[9].
PAUTRIZEL (Louis-Jean-Baptiste), *Guadeloupe*[10].

[1] Meurt le 18 brumaire an III. (Voy. proc.-verb., p. 82.)
[2] 4e suppléant. — N'a pas siégé.
[3] Un des 73; rappelé le 18 frimaire an III (p. 61).
[4] Condamné à la déportation le 14 frimaire an II. On lit, le 16 frimaire an II, une lettre annonçant qu'il vient de terminer sa carrière. Remplacé par Vaugeois le 27 vendémiaire an III. (Voy. proc.-verb., p. 239.)
[5] 3e suppléant. — N'a pas siégé. Ministre de la guerre, puis maire de Paris.
[6] 4e suppléant; appelé par la voie du sort le 5 floréal an III (p. 86).
[7] Nommé dans l'Aisne, l'Oise, le Pas-de-Calais et le Puy-de-Dôme, opte pour le Pas-de-Calais. Exclu comme étranger le 23 nivôse an II (p. 189) et remplacé par Du Brœucq, il est rappelé le 18 frimaire an III. (Voy. proc.-verb., p. 61.)
[8] Donne sa démission séance tenante pendant les opérations électorales.
[9] Il est arrêté en juillet 1793, puis remis en liberté.
[10] Admis le 9 fructidor an II à son arrivée en France. (Voy. proc.-verb., p. 158.)

*Pean (François-Étienne), *Loir-et-Cher* [1].
*Peillon (J.-B.), *Rhône-et-Loire* [2].
*Peillon le jeune (Jean-Noël), *Saône-et-Loire* [3].
Pelé (Bon-Thomas), *Loiret.*
Pelet (Jean), *Lozère.*
Pelletier (Jacques), *Cher* [4].
Pellissier (Denis-Marie), *Bouches-du-Rhône* [5].
Pemartin (Joseph), *Basses-Pyrénées.*
Péniéres (Jean-Augustin), *Corrèze.*
Pepin (Sylvain), *Indre.*
Perard (Charles-François-Jean), *Maine-et-Loire.*
Perés [de la Gesse] (Emmanuel), *Haute-Garonne.*
Perez (Joachim), *Gers* [6].
Peries cadet (Jacques), *Aude* [7].
*Pérribére (Jean-Baptiste), *Lot-et-Garonne* [8].
Perrin (Jean-Baptiste), *Vosges.*
Perrin (Pierre-Nicolas), *Aube* [9].
Personne (Jean-Baptiste), *Pas-de-Calais.*
Petion [de Villeneuve] (Jérôme), *Eure-et-Loir* [10].
Petit (Michel-Edme), *Aisne* [11].
*Petithomme (Jean-Baptiste), *Seine-et-Marne* [12].
Petitjean (Claude-Lazare), *Allier* [13].
Peuvergue (Guillaume), *Cantal* [14].

[1] 5e suppléant, élu le 14 novembre 1792, les trois premiers suppléants ayant été appelés à la Convention. — N'a pas siégé.
[2] Nommé 9e député, Peillon refuse avant la fin des opérations électorales et est remplacé, séance tenante, par Lanthenas.
[3] 6e suppléant. — N'a pas siégé : détenu à Chalon comme suspect.
[4] 1er suppléant; remplace Torné, démissionnaire, dès le début.
[5] 2e suppléant ; remplace Carra optant pour un autre département et vote au procès de Louis XVI.
[6] 1er suppléant ; appelé par la voie du sort le 5 floréal an III (p. 86).
[7] Un des 73 ; rappelé le 18 frimaire an III (p. 61).
[8] 1er suppléant. — N'a pas siégé : démissionnaire.
[9] Mis en accusation le 8 octobre 1793, meurt au bagne à Toulon en 1794 ; puis est réhabilité.
[10] Déclaré démissionnaire le 15 juillet 1793 (p. 178), remplacé par Lonqueüe ; se tue près de Saint-Emilion, en juin 1794.
[11] Annonce de sa mort arrivée le 8 pluviôse an III, par sa veuve. (Voy. proc.-verb., p. 141.)
[12] 2e suppléant. — N'a pas siégé.
[13] Mort le 18 ventôse an II (Voy. proc.-verb., p. 363); remplacé par Deleage le 24 floréal (p. 189).
[14] Démissionnaire le 10 avril 1793 (p. 191) ; remplacé par A. Bertrand.

PEYRE (Louis-François), *Basses-Alpes* [1].
PEYSSARD (Jean-Charles), *Dordogne* [2].
PFLIEGER (Jean-Adam), *Haut-Rhin*.
PHILIPPEAUX (Pierre), *Sarthe* [3].
*PICHONNIER (Romain), *Seine-et-Marne* [4].
PICQUÉ (Jean-Pierre), *Hautes-Pyrénées*.
PIERRET (Joseph-Nicolas), *Aube*.
PIETTE (Jean-Baptiste), *Ardennes* [5].
PILASTRE [DE LA BRARDIÈRE] (Urbain-René), *Maine-et-Loire* [6].
PINEL (Pierre), *Manche*.
PINET aîné (Jacques), *Dordogne* [7].
*PINET SAINT-NEXAINT (......), *Dordogne* [8].
PIORRY (Pierre-François), *Vienne*.
*PIVANT (......), *Orne* [9].
PLAICHARD-CHOLTIERE (René-François), *Mayenne*.
PLAZANET (Antoine), *Corrèze* [10].
PLET-BEAUPREY (Pierre-François-Nicolas), *Orne*.
POCHOLLE (Pierre-Pomponne-Amédée), *Seine-Inférieure*.
*POILROUX (.......), *Basses-Alpes* [11].
POINTE cadet (Noël), *Rhône-et-Loire*.
*POINTE (......), *Loiret* [12].
POISSON (Jacques), *Manche*.

[1] Un des 73 ; rappelé le 18 frimaire an III. Il était sujet à des attaques d'épilepsie et dut être, à cause de cela, détenu dans un local séparé. (Voy. proc.-verb. du 11 octobre 1793, p. 248.)
[2] Condamné à la déportation après le 1er prairial, puis amnistié.
[3] Condamné à mort le 16 germinal an II.
[4] 9e suppléant. — N'a pas siégé, mort avant le 1er floréal an II. (Voy. Comité des Décrets.)
[5] 2e suppléant ; remplace, le 5 juin 1793, Mennesson, démissionnaire. Il était alors administrateur du département.
[6] Démissionnaire le 12 août 1793 (p. 308) ; remplacé par Talot le 8 septembre. (Voy. proc.-verb., p. 191.)
[7] Décrété d'accusation le 2 prairial an III. (Voy. proc.-verb., p. 42.)
[8] 2e suppléant. — N'a pas siégé ; adjudant général de l'armée des Pyrénées-Occidentales.
[9] 8e suppléant. — N'a pas siégé.
[10] 3e suppléant ; remplace, le 8 août 1793, Lidon déclaré démissionnaire. (Voy. proc.-verb., p. 214.)
[11] 2e suppléant. — N'a pas siégé. En floréal an II, il remplissait les fonctions d'agent national près le district de Castellane.
[12] 4e suppléant. — N'a pas siégé.

*POIZEVARA (Pierre), *Morbihan* [1].
POMME (André), *Guyane* [2].
PONS (Philippe-Laurent), *Meuse*.
PONTÉCOULANT (Louis-Gustave DOULCET DE), *Calvados*. — Voy. DOULCET.
*PONTENIER (......), *Vienne* [3].
PORCHER (Gilles), *Indre*.
PORTIEZ (Louis-François), *Oise*.
POTIER (Louis), *Indre-et-Loire* [4].
POTTIER (Charles-Albert), *Indre-et-Loire*.
POTTOFEUX (Polycarpe), *Aisne* [5].
POULAIN (Jean-Baptiste-Célestin), *Marne*.
*POULLAIN (Augustin-Pierre-Claude), *Finistère* [6].
POULLAIN-GRANDPREY (Joseph-Clément), *Vosges*.
POULTIER (François-Martin), *Nord*.
PRECY (Jean), *Yonne*.
*PREVOST [D'OCLEVILLE] (.....), *Seine-Inférieure* [7].
PRESSAVIN (Jean-Baptiste), *Rhône-et-Loire*.
*PRIESTLEY (Joseph), *Orne* [8].
PRIEUR [DUVERNOIS] (Claude-Antoine), *Côte-d'Or*.
PRIEUR (Pierre-Louis), *Marne* [9].
PRIMAUDIÈRE (René-François DE LA), *Sarthe*. — Voy. FRANÇOIS.
PROJEAN (Joseph-Étienne), *Haute-Garonne*.
PROST (Claude-Charles), *Jura*.
PRUNELLE DE LIERE (Léonard-Joseph), *Isère*.

[1] 2e suppléant. — N'a pas siégé.
[2] Admis le 10 avril 1793. (Voy. proc.-verb., p. 193.)
[3] 2e suppléant. — N'a pas siégé.
[4] 1er suppléant ; remplace, le 10 frimaire an II (p. 242), Gardien, condamné à mort le 9 brumaire. Il meurt le 24 frimaire an II (p. 217), et est remplacé le 9 nivôse (p. 170), par Athanase Veau.
[5] 1er suppléant ; démissionnaire le 8 novembre 1792 (p. 47) ; remplacé par Bouchereau ; réclame son admission en place de Saint-Just ou de Condorcet, le 6 brumaire an III. (Voy. proc.-verb., p. 76.)
[6] 3e suppléant. — N'a pas siégé : accusé de fédéralisme.
[7] Élu 15e député de la Seine-Inférieure, il n'accepte pas et est remplacé, séance tenante, par Riaux, puis par Bourgois.
[8] Non acceptant. (Voy. 28 septembre 1793, p. 93.) Nommé dans l'Orne et dans Rhône-et-Loire, est remplacé par Jullien Dubois (Orne) et par Fournier (Rhône-et-Loire).
[9] Décrété d'accusation le 2 prairial an III.

PULIGNY (Jean-Baptiste-Édouard DE), *Côte-d'Or*. — Voy. EDOUARD.

Q

*QUANTIN [DE BESSÉ] (Claude-Michel), *Sarthe*[1].
QUEINNEC (Jacques), *Finistère*[2].
QUINETTE (Nicolas-Marie), *Aisne*[3].
QUIOT (Jérôme-François), *Drôme*[4].
QUIROT (Jean-Baptiste); *Doubs*.

R

RABAUT [DE SAINT-ÉTIENNE] (Jean-Paul), *Aube*[5].
RABAUT [POMIER] (Jacques-Antoine), *Gard*[6].
RAFFRON [DU TROUILLET] (Nicolas), *Paris*.
RAMEAU (Juste), *Côte-d'Or*.
RAMEL [NOGARET] (Dominique-Vincent), *Aude*.
*RAMONBORDES (......) *Landes*[7].
*RANSON (......), *Nord*[8].
*RAUX (Basile-Joseph), *Ardennes*[9].
REAL (André), *Isère*.
REBECQUY (François-Trophime), *Bouches-du-Rhône*[10].
RECHIN (......), *Saint-Domingue*[11].

1 3e suppléant. — N'a pas siégé.
2 Un des 73; rappelé le 18 frimaire an III (p. 61).
3 Livré aux Autrichiens par Dumouriez, le 3 avril 1793. Remis en liberté le 4 nivôse an IV.
4 2e suppléant; remplace Sauteyras le 17 frimaire an II. (Voy. proc.-verb., p. 52.) Il était, vers cette époque, attaché à l'administration du district de Valence.
5 Condamné à mort le 15 frimaire an II; remplacé par Ludot, le 22 août 1793. (V. proc.-verb., p. 147.)
6 Un des 73; rappelé le 18 frimaire an III.
7 2e suppléant. — N'a pas siégé : en réclusion comme fédéraliste.
8 4e suppléant. — N'a pas siégé.
9 Raux ne paraît qu'au compte rendu de l'Assemblée électorale. Son nom ne figure ni sur le registre d'inscription ni sur les procès-verbaux imprimés. Il dut être remplacé par Blondel.
10 Démissionnaire le 9 avril 1793 (p. 182); se noie à Villeneuve. (Voy. séance du 23 floréal an II, p. 168.)
11 Démissionnaire le 2 octobre 1793; remplacé par Laforest aîné, le 5 fructidor an III. (Voy. proc.-verb., p. 53.)

REGNAULD-BRETEL (Charles-Louis-François), *Manche*.
REGUIS (Claude-Louis), *Basses-Alpes*.
REUBELL (Jean-François), *Haut-Rhin*.
REVEL (François-Bernard), *Seine-Inférieure* [1].
REVELLIERE [LÉPEAUX] (Louis-Marie DE LA), *Maine-et-Loire* [2].
REVERCHON (Jacques), *Saône-et-Loire*.
REYNAUD (Claude-André-Benoît), *Haute-Loire*.
*RIAUX (......), *Seine-Inférieure* [3].
RIBEREAU (Jean), *Charente* [4].
RIBET (Bon-Jacques-Gabriel-Bernardin), *Manche*.
*RICARD (Xavier), *Var* [5].
RICHARD (Joseph-Étienne), *Sarthe*.
RICHAUD (Hyacinthe), *Seine-et-Oise* [6].
*RICHEBOURG (......), *Saint-Domingue* [7].
RICHOU (Louis-Joseph), *Eure* [8].
RICORD (Jean-François), *Var* [9].
RIFFARD SAINT-MARTIN (François-Jérôme), *Ardèche*. — Voy. SAINT-MARTIN.
*RIGAUD (Michel-Louis), *Drôme* [10].
RITTER (François-Joseph), *Haut-Rhin*.
RIVAUD (François), *Haute-Vienne* [11].
RIVERY (Louis), *Somme*.
RIVIÈRE (Pierre), *Corrèze* [12].

[1] 2e suppléant; remplace Duval, déclaré démissionnaire, le 3 août 1793. (Voy. proc.-verb., p. 71.)
[2] Appel de son suppléant le 13 août 1793 (p. 375). Rentre à la Convention le 18 ventôse an III. (Voy. proc.-verb., p. 46.)
[3] Élu 15e député de la Seine-Inférieure, en place de Prevost non acceptant, il refuse à son tour et est remplacé séance tenante par Bourgois.
[4] Un des 73; rappelé le 18 frimaire an III (p. 61).
[5] 2e suppléant. — N'a pas siégé; porté absent, est supposé avoir été pris en mer par un vaisseau espagnol.
[6] 4e suppléant; remplace Kersaint, démissionnaire, au refus de Grouvelle et de Lagrange, le 22 février 1793. (Voy. proc.-verb., p. 373.)
[7] 3e suppléant. — N'a pas siégé.
[8] Un des 73; rappelé le 18 frimaire an III.
[9] Mis en arrestation le 8 prairial an III. (Voy. proc.-verb., p. 150.)
[10] Nommé 4e député, il refusa et fut remplacé dès le début par Martinel. Il était commandant du 4e bataillon de la Drôme à l'armée de Nice et opta pour le poste de lieutenant-colonel.
[11] Un des 73, rappelé le 18 frimaire an III.
[12] 2e suppléant; remplace Chambon le 8 août 1793 (p. 214).

ROBERJOT (Claude), *Saône-et-Loire* [1].
ROBERT (Michel), *Ardennes*.
ROBERT (Pierre-François-Joseph), *Paris*.
ROBESPIERRE [jeune] (Augustin-Bon-Joseph DE), *Paris* [2].
ROBESPIERRE (Maximilien-Marie-Isidore DE), *Paris* [3].
ROBIN (Louis-Antonin), *Aube*.
ROCHEGUDE (Henri-Pascal), *Tarn*.
*ROCHEJEAN (Marie-Joseph-Philibert), *Loir-et-Cher* [4].
*ROLAND (Jean-Marie), *Somme* [5].
ROMME (Charles-Gilbert), *Puy-de-Dôme* [6].
RONGIÈS (Antoine), *Haute-Loire* [7].
*ROQUELORY (Benazet), *Aude* [8].
ROÜAULT (Joseph-Yves), *Morbihan* [9].
ROUBAUD (Jean-Louis), *Var*.
ROUGEMONT (Ignace), *Mont-Terrible*.
ROUGIER (Antoine). — Voy. RONGIÈS.
ROUS (Jean-Pierre-Félix), *Aveyron* [10].
ROUSSEAU (Jean), *Paris* [11].
ROUSSEL (Claude-Jean), *Meuse*.
*ROUSSELET (......), *Seine-Inférieure* [12].
ROUX (Louis-Félix), *Haute-Marne*.
ROUX [FAZILLAC] (Pierre), *Dordogne*.
ROUYER (Jean-Pascal), *Hérault* [13].

1 5e suppléant; remplace Carra le 26 brumaire an II. (Voy. p.-v., p. 258.)
2 Exécuté le 10 thermidor an II.
3 Nommé dans le Pas-de-Calais et à Paris, opte pour Paris. Mis hors la loi le 9 thermidor an II, exécuté le 10.
4 4e suppléant. — Ne paraît pas avoir siégé : détenu à Sainte-Pélagie, écrit plusieurs lettres pour réclamer son admission.
5 Elu député de la Somme à la fin de la liste, Roland refusa le mandat pour rester ministre. — N'a pas siégé.
6 Mis en arrestation le 2 prairial an III, exécuté le 29 prairial.
7 Démissionnaire ; remplacé par Lemoyne, le 1er octobre 1793 (p. 25).
8 1er suppléant. — N'a pas siégé ; chef de brigade à l'armée des Pyrénées-Orientales, mort à son poste le 23 juillet 1793.
9 Un des 73 ; rappelé le 18 frimaire an III (p. 61).
10 1er suppléant; remplace, le 23 vendémiaire an II, Yzarn Valady, proscrit le 28 juillet 1793. (Voy. proc.-verb. du 14 octobre 1793, p. 60.)
11 6e suppléant. Admis le 9 ventôse an III. (Voy. proc.-verb., p. 168.)
12 5e suppléant. — N'a pas siégé ; commandant en second du 2e bataillon de la Seine-Inférieure, à Paimbœuf.
13 Mis hors la loi le 3 octobre 1793 ; remplacé par Joubert le 10 pluviôse an II (p. 233). Rentre plus tard à la Convention.

ROUZET (Jean-Marie), *Haute-Garonne* [1].
ROVERE (Joseph-Stanislas-François-Xavier-Alexis), *Bouches-du-Rhône* et *Vaucluse* [2].
ROY (Denis), *Seine-et-Oise.*
ROYER (Jean-Baptiste), *Ain* [3].
RUAMPS (Pierre-Charles), *Charente-Inférieure* [4].
RUAULT (Alexandre-Jean), *Seine-Inférieure* [5].
RUDEL (Claude-Antoine), *Puy-de-Dôme.*
*RUDLER (François-Joseph), *Haut-Rhin* [6].
RUELLE (Albert), *Indre-et-Loire.*
RÜHL (Philippe), *Bas-Rhin* [7].
*RUSTE (......) *Martinique* [8].

S

*SABARTHÈS (......), *Aude* [9].
*SABATHIER SAINT-ANDRÉ (......), *Guadeloupe* [10].
SACY (Claude-Louis-Michel DE), *Haute-Garonne.* — Voy. DE SACY.
SAINT-ANDRÉ (André JEANBON), *Lot.* — Voy. JEANBON.
SAINT-JUST (Antoine-Louis-Léon DE), *Aisne* [11].
SAINT-MARTIN (François-Jérôme RIFFARD), *Ardèche.*
SAINT-MARTIN VALOGNE (Charles), *Aveyron.*
*SAINT-PIERRE (Jacques-Henri-Bernardin DE), *Loir-et-Cher* [12].
SAINT-PRIX, *Ardèche.* — Voy. SOUBEYRAN DE SAINT-PRIX.

[1] Un des 73 ; rappelé le 18 frimaire an III (p. 61).
[2] Lors de la formation du département de Vaucluse, Rovere est désigné pour représenter le nouveau département avec Olivier Gerente.
[3] Un des 73 ; rappelé le 18 frimaire an III.
[4] Arrêté le 2 prairial an III et exécuté le 29.
[5] Un des 73 ; rappelé le 18 frimaire an III.
[6] 3e suppléant. — N'a pas siégé.
[7] Dans le procès-verbal de l'assemblée électorale, Rühl est appelé Godefroy. Mis en arrestation après le 1er prairial an III, il se tue en prison le 11 du même mois.
[8] 2e suppléant, d'après le procès-verbal d'élection. — Ne siégea pas.
[9] 3e suppléant. — N'a pas siégé ; épuré comme juge au tribunal de Carcassonne, le 8 floréal an II.
[10] N'a pas siégé. A été tué à l'île de Sainte-Lucie.
[11] Mis hors la loi le 9 thermidor an II, exécuté le 10.
[12] Donne sa démission par lettre du 3 octobre 1792; remplacé par Foussedoire.

SALADIN (Jean-Baptiste-Michel), *Somme* [1].
*SALESSES (Antoine), *Aveyron* [2].
SALICETI (Christophe), *Corse*.
SALLE (Jean-Baptiste), *Meurthe* [3].
SALLELES (Jean), *Lot*.
SALLENGROS (Albert-Boniface-François), *Nord*.
SALMON (Gabriel-René-Louis), *Sarthe* [4].
SANADON (Jean-Baptiste), *Basses-Pyrénées* [5].
SARTRE ayné (Marc-Antoine), *Lot* [6].
SAURINE (Jean-Pierre), *Landes* [7].
SAUTAŸRA (Pierre-Barthelemi), *Drôme* [8].
SAUTEREAU (Jean), *Nièvre*.
SAUVÉ (Gervais), *Manche*.
SAVARY (Louis-Jacques), *Eure* [9].
SAVORNIN (Marc-Antoine), *Basses-Alpes*.
SCELLIER (Gérard), *Somme* [10].
SECOND (Jean-Louis), *Aveyron*.
SECOND (Pierre-Charles-Emmanuel-Bernard), *Ile de la Réunion* [11].
SEGUIN (Philippe-Charles-François), *Doubs*.
SERGENT (Antoine-François), *Paris*.
SERRE (Joseph), *Hautes-Alpes* [12].
SERRES (Jean-Jacques), *Ile de France* [13].

[1] Un des 73 ; rappelé le 18 frimaire an III (p. 61).

[2] 2e suppléant. — N'a pas siégé. Un document de floréal an II lui donne la qualité de juge de paix du canton de Rieupeyroux.

[3] Mis en arrestation le 2 juin 1793 ; remplacé par Collombel le 22 juillet (p. 79). Exécuté à Bordeaux le 2 messidor an II. (Voy. proc.-verb., p. 191.)

[4] Un des 73 ; rappelé le 18 frimaire an III.

[5] Démissionnaire le 13 août 1793 (p. 365) ; remplacé, le 5 octobre, par Jean Vidal. (Voy. proc.-verb., p. 84.)

[6] 2e suppléant; admis le 18 thermidor an III. (Voy. proc.-verb., p. 35.)

[7] Un des 73 ; rappelé le 18 frimaire an III. Signe : *Saurine Ev.* (Voy. 10 octobre, p. 203.)

[8] Mort à Montélimart le 27 septembre 1793 ; remplacé par Quiot, le 17 frimaire an II. (Voy. proc.-verb., p. 52.)

[9] Élu d'abord comme suppléant, remplace dès le début Carra optant pour Saône-et-Loire. Décrété d'accusation le 3 octobre 1793. Rentre en l'an III.

[10] 2e suppléant ; remplace, le 27 frimaire an II, Silleri, condamné à mort le 9 brumaire. (Voy. proc.-verb., p. 347.)

[11] Admis le 1er ventôse an III. (Voy. proc.-verb., p. 5.)

[12] Un des 73 ; rappelé le 11 brumaire an II (p. 164). Détenu à Paris le 3 brumaire an III (p. 32).

[13] Admis le 5 octobre 1793. (Voy. proc.-verb., p. 95.)

SERVEAU [TOUCHE-VALLIER] (François), *Mayenne*.
SERVIÈRE (Laurent), *Lozère*.
SERVONAT (Joseph-Sébastien), *Isère*.
SEVESTRE (Joseph), *Ille-et-Vilaine*.
SIBLOT (Claude-François-Bruno), *Haute-Saône*.
SIEYES (Emmanuel-Joseph), *Sarthe* [1].
SILLERY (Charles-Alexis BRULART DE), *Somme* [2].
SIMOND (Philibert), *Bas-Rhin* [3].
*SIONNEAU (Robert-Louis), *Deux-Sèvres* [4].
SIRUGUE (Marc-Antoine), *Côte-d'Or* [5].
SOLOMIAC (Pierre), *Tarn* [6].
SOUBEYRAN DE SAINT-PRIX (Hector), *Ardèche* [7].
SOUBRANY (Pierre-Amable), *Puy-de-Dôme* [8].
SOUHAIT (Joseph-Julien), *Vosges*.
*SOUILHÉ (.........), *Lot* [9].
SOULIGNAC (Jean-Baptiste), *Haute-Vienne* [10].

T

TAILLEFER (Jean-Guillaume), *Dordogne*.
*TALHOUET (.....), *Ille-et-Vilaine* [11].
TALLIEN (Jean-Lambert), *Seine-et-Oise*.
TALOT (Michel-Louis), *Maine-et-Loire* [12].

[1] Nommé dans la Gironde, l'Orne et la Sarthe, opte pour la Sarthe; remplacé dans l'Orne par Thomas.
[2] Condamné à mort le 9 brumaire an II; remplacé par Scellier.
[3] Condamné à mort le 24 germinal an II.
[4] 3e suppléant. — N'a pas siégé.
[5] 2e suppléant; appelé par la voie du sort le 5 floréal an III (p. 86).
[6] Démissionnaire le 15 août 1793 (p. 418); remplacé le 23 septembre par Tridoulat. (Voy. proc.-verb., p. 163.)
[7] Un des 73; rappelé le 18 frimaire an III (p. 61).
[8] Arrêté le 2 prairial an III, exécuté le 29 du même mois.
[9] 3e suppléant. — N'a pas siégé : Commandant aux frontières le 8e bataillon du Lot, demande à prendre part aux dangers de la Convention, le 28 germinal an III. (Voy. proc.-verb., p. 238.)
[10] Un des 73; rappelé le 18 frimaire an III (p. 61).
[11] 5e suppléant, élu dans une assemblée électorale tenue à Dol, en octobre 1792, pour remplacer le 1er suppléant admis à l'Assemblée, en vertu d'un décret de la Convention. — N'a pas siégé.
[12] 4e suppléant; remplace, le 8 septembre 1793 (p. 191), Pilastre, démissionnaire le 12 août (p. 308).

*TARDIVEAU (François-Alexandre), *Ille-et-Vilaine* [1].
*TARTU (Jean-François), *Loire-Inférieure* [2].
TAVEAU (Louis-Jacques), *Calvados*.
*TAVERNEL (........), *Gard* [3].
TELLIER (Amand-Constant), *Seine-et-Marne* [4].
TERRAL (Joseph), *Tarn* [5].
*TESSIÉ [DUCLUSEAUX] (Joseph-François-Alexandre), *Maine-et-Loire* [6].
TEXIER (Léonard-Michel), *Creuse*.
*TEXIER (......), *Vienne* [7].
THABAUD (Guillaume), *Indre*.
THIBAUDEAU (Antoine-Claire), *Vienne*.
THIBAULT (Anne-Alexandre-Marie), *Cantal*.
THIERRIET (Claude), *Ardennes* [8].
THIRION (Didier), *Moselle*.
THOMAS (Jean-Jacques), *Paris* [9].
THOMAS [LA PRISE] (Charles-Jean-Étienne), *Orne* [10].
THOULOUZE (Jean-Joseph), *Ardèche* [11].
*THOUMIN (François), *Mayenne* [12].
THURIOT (Jacques-Alexis), *Marne*.
*TISON (............), *Sarthe* [13].

[1] Démissionnaire le 15 septembre 1792; remplacé par Maurel, 1er suppl.
[2] 1er suppléant. Mort en combattant sur la frégate qui fut ensuite nommée *la Tartu*, et qu'il avait commandée.
[3] Tavernel semble n'avoir pas siégé, bien qu'il n'ait envoyé sa démission, pour raison de santé, que le 13 octobre (p. 387), puis le 17 décembre 1792 (p. 250); il est remplacé par Berthezène le 10 janvier 1793.
[4] Il se tue à Chartres. (Voy. proc.-verb. du 3e jour complément. de l'an III, p. 325.)
[5] 1er suppléant; remplace, le 18 juin 1793, Daubermênil, démissionnaire. (Voy. proc.-verb., p. 68.)
[6] 3e suppléant. — N'a pas siégé : exécuté le 26 germinal an II.
[7] 1er suppléant. — N'a pas siégé : en arrestation pour cause de fédéralisme.
[8] Thierriet remplaça, avant la clôture des opérations électorales, Chardron, qui, nommé député avant l'élection des suppléants, avait refusé le mandat.
[9] Mort de maladie le 27 pluviôse an II (Voy. proc.-verb., p. 315); remplacé par Desrues le 3 ventôse (p. 85).
[10] 2e suppléant; remplace, dès le début, André non acceptant.
[11] 1er suppléant; remplace, le 24 fructidor an II (p. 198), Gamon, traduit au tribunal révolutionnaire.
[12] 3e suppléant. — N'a pas siégé.
[13] 4e suppléant. — N'a pas siégé.

TOCQUOT (Charles-Nicolas), *Meuse*[1].
TOPSENT (Jean-Baptiste-Nicolas), *Eure*.
*TORNÉ (Pierre-Anastase), *Cher*[2].
TOUDIC (Pierre), *Côtes-du-Nord*[3].
TOURNIER (Jean-Laurent-Germain), *Aude*[4].
TREHOUART (Bernard-Thomas), *Ille-et-Vilaine*[5].
TREILHARD (Jean-Baptiste), *Seine-et-Oise*.
TRIDOULAT (Louis-Gaspard), *Tarn*[6].
TRULLARD (Narcisse), *Côte-d'Or*.
TURREAU (Louis), *Yonne*.

V

*VACHERON (Jacques-Théodore), *Seine-et-Marne*[7].
VADIER (Marc-Guillaume-Alexis), *Ariège*[8].
VALADY (Jacques-Godefroi-Charles-Sébastien-Jean-Joseph YZARN, dit), *Aveyron*[9].
VALDRUCHE (Anne-Joseph-Arnould), *Haute-Marne*.
VALLÉE (Jacques-Nicolas), *Eure*[10].
*VARAIGNE (Pierre-Joseph-Bernard), *Haute-Marne*[11].
VARDON (Louis-Alexandre-Jacques), *Calvados*.
VARLET (Charles-Zachée-Joseph), *Pas-de-Calais*[12].

[1] Démissionnaire le 10 avril et le 14 août 1793 (p. 383); remplacé par Garnier Anthoine le 3 septembre 1793. (Voy. proc.-verb., p. 46.)

[2] Absent au moment de l'élection; donne sa démission le 9 septembre 1792; remplacé par Pelletier, 1er suppléant.

[3] 2e suppléant; appelé par la voie du sort le 5 floréal an III. (Voy. proc.-verb., p. 86.)

[4] Un des 73; rappelé le 18 frimaire an III (p. 61).

[5] 4e suppléant; remplace, le 4 août 1793, Lanjuinais. (Voy. proc.-verb., p. 115.)

[6] 3e suppléant; remplace, le 23 septembre 1793, Solomiac, démissionnaire. (Voy. proc.-verb., p. 163.)

[7] 4e suppléant. — N'a pas siégé.

[8] Condamné à la déportation le 15 floréal an III, et remplacé par Bordes, 1er suppléant. (Voy. proc.-verb., p. 186.)

[9] Signe Godefroi Yzarn dit Valady. Déclaré traître à la patrie le 28 juillet 1793; remplacé, le 23 vendémiaire an II (p. 60), par Félix Rous.

[10] D'abord suppléant, remplace, dès le début, Brissot optant pour Eure-et-Loir. Mis en arrestation le 30 juillet 1793; rappelé à la Convention le 25 ventôse an III. (Voy. proc.-verb., p. 117.)

[11] 1er suppléant. — N'a pas siégé : mis en arrestation. Nommé Devaraigne dans la liste de la Législative.

[12] 1er suppléant; remplace Robespierre aîné dès le début. Un des 73; rappelé le 18 frimaire an III (p. 61).

VASSEUR (Alexandre), *Somme* [1].
*VAUCHER (Marc-Denis), *Jura* [2].
VAUGEOIS (Jean-François-Gabriel), *Paris* [3].
VEAU [DE LAUNAY] (Pierre-Louis-Athanase), *Indre-et-Loire* [4].
VENAILLE (Pierre-Étienne), *Loir-et-Cher* [5].
VENARD (Henry-Étienne), *Seine-et-Oise* [6].
VERDOLLIN (Jacques), *Basses-Alpes* [7].
VERGNIAUD (Pierre-Victurnien), *Gironde* [8].
VERMON (Alexis-Joseph), *Ardennes.*
VERNEREY (Charles-Baptiste-François), *Doubs.*
VERNIER (Théodore), *Jura* [9].
*VERNIN (Pierre-Joseph), *Allier* [10].
*VEZIEN (François), *Indre* [11].
VIDAL (Jean), *Basses-Pyrénées* [12].
VIDALIN (Étienne), *Allier* [13].
VIDALOT (Antoine), *Lot-et-Garonne.*
VIENNET (Jacques-Joseph), *Hérault.*
VIGER (Louis-François-Sébastien), *Maine-et-Loire* [14].
VIGNERON (Claude-Bonaventure), *Haute-Saône.*
VILLAR (Noël-Gabriel-Luce), *Mayenne.*
VILLERS (François-Toussaint), *Loire-Inférieure.*

1 4e suppléant; remplace, le 1er pluviôse an II (p. 11), Asselin, décédé le 15 frimaire.

2 3e suppléant. — N'a pas siégé : mort.

3 7e suppléant; admis le 27 vendémiaire an III. (Voy. proc.-verb., p. 239.) Était auparavant accusateur militaire près l'armée des Côtes de Brest.

4 2e suppléant; remplace Louis Potier, mort le 24 frimaire (9 et 16 nivôse an II, p. 170 et 314).

5 2e suppléant; remplace, dès le début, Carra, élu plusieurs fois.

6 5e suppléant; remplace Gorsas le 16 juillet 1793. (Voy. pr.-verb., p. 201.)

7 Mort en avril 1793 (Voy. proc.-verb. du 3 juin, p. 37); remplacé par Bouret.

8 En arrestation le 2 juin 1793; condamné à mort le 9 brumaire an II.

9 Un des 73; rappelé le 18 frimaire an III (p. 61).

10 Démissionnaire le 22 septembre 1792 pour cause de santé (lettre); remplacé par Vidalin, 1er suppléant.

11 2e suppléant. — N'a pas siégé.

12 3e suppléant; remplace, le 5 octobre 1793 (p. 84), Sanadon, démissionnaire le 13 août (p. 365).

13 1er suppléant; remplace, dès le début, Vernier, non acceptant. Meurt plus tard et est remplacé, le 25 ventôse an III, par G. Chabot (p. 117-118).

14 1er suppléant; remplace Dehoulière, démissionnaire, le 27 avril 1793 (p. 175). Est condamné à mort le 9 brumaire an II; il est exécuté le dernier avec les Girondins.

VILLETARD [PRUNIÈRES] (Edme-Pierre-Alexandre), *Yonne*[1].
VILLETTE (Charles), *Oise*[2].
VINCENT (Pierre-Charles-Victor), *Seine-Inférieure*[3].
VINET (Pierre-Étienne), *Charente-Inférieure.*
VIQUY (Jean-Nicolas), *Seine-et-Marne.*
VITET (Louis), *Rhône-et-Loire*[4].
VOULLAND (Jean-Henri), *Gard*[5].

W

WANDELAINCOURT (Antoine-Hubert), *Haute-Marne*[6].

Y

YGER (Jean-Baptiste), *Seine-Inférieure.*
YSABEAU (Claude-Alexandre), *Indre-et-Loire.*
YZARN (Godefroi), dit VALADY, *Aveyron.* — Voy. VALADY.

Z

ZANGIACOMI fils (Joseph), *Meurthe.*

1 1er suppléant; remplace Lepeletier de Saint-Fargeau le 25 janvier 1793.
2 Décédé le 10 juillet 1793 (p. 18); remplacé, le 19 août, par Auger (p. 105).
3 Un des 73; rappelé le 18 frimaire an III (p. 61).
4 Déclaré démissionnaire le 15 juillet 1793 (p. 178); remplacé, le 7 août, par Boiron (p. 188). Rentre à la Convention le 18 ventôse an III (p. 46).
5 Décrété d'arrestation le 9 prairial an III (p. 175).
6 Élu d'abord 1er suppléant, il remplace, dès le début, Drevon, non acceptant.

DÉCLARATIONS D'AGE ET DE MARIAGE

DES REPRÉSENTANTS DU PEUPLE

A LA CONVENTION NATIONALE

EN EXÉCUTION DES ARTICLES 4 ET 5 DU DÉCRET DU 5 FRUCTIDOR AN III[1]

Les noms précédés d'un * sont ceux des suppléants appelés à siéger pendant la durée de la Convention.

Les députés sont classés par départements et par ordre alphabétique dans chaque département. Il a paru inutile de respecter l'ordre purement fortuit dans lequel les déclarations sont inscrites.

Un certain nombre de députés ne s'étant pas présentés, et le nom de quelques-uns d'entre eux n'étant même pas porté sur la liste récapitulative, ces absents sont signalés à la suite des Conventionnels dont on a la déclaration.

Cette liste reproduit fidèlement les déclarations telles qu'elles ont été faites. On a ajouté seulement, à la suite des mentions qu'elle renferme, l'indication du Conseil où le député a été appelé à siéger, quand il y a lieu.

AIN.

5 députés :

DEYDIER, 50 ans, né à Pont-de-Vaux ; veuf, 4 enfants. — *Anciens.*

[1] Ces articles étaient ainsi rédigés : « Art. 4. Chaque député remettra par écrit, d'ici au 20 fructidor, au Comité des décrets, procès-verbaux et archives, sa déclaration sur son âge et sur les autres conditions prescrites par la Constitution pour être membre de l'un ou de l'autre corps législatif. — Art. 5 : Les députés en mission, tant auprès des armées que dans les départements, ainsi que les absents par congé ou maladie, feront parvenir leur déclaration d'ici au 30 fructidor au même comité, qui pourra néanmoins demander dès à présent les éclaircissements qui les concernent à ceux dont ils sont plus particulièrement connus. »

* FERRAND, 38 ans, né à Indrieux (district de Saint-Rambert) ; célibataire. — *Cinq-Cents.*

GAUTHIER, 42 ans, né à Bourg ; marié, sans enfants. — *Anciens.*

MERLINO, 57 ans et 9 mois, né à Lyon ; marié, 4 enfants. — *Anciens.*

ROYER, 62 ans, né à Cuiseaux (Saône-et-Loire) ; célibataire (évêque). — *Cinq-Cents.*

AISNE.

9 députés :

BEFFROY, 40 ans et 6 mois, né le 2 avril 1755, à Laon ; marié. — *Cinq-Cents.*

BELIN, 44 ans, né le 28 novembre 1749, à Berthenicourt (Aisne) ; veuf, avec famille. — *Cinq-Cents.*

* BOUCHEREAU, 41 ans, né à Châtillon (Indre) ; marié, sans enfants.

DE BRY (Jean), 43 ans et 9 mois ; marié, 4 enfants. — *Cinq-Cents.*

* DORMAY, 41 ans, né le 6 août 1754, à Boué (Aisne) ; célibataire.

FIQUET, 48 ans, né le 2 février 1747, à Soissons ; marié. — *Cinq-Cents.*

LE CARLIER, 42 ans (déclare qu'il n'accepterait pas une nomination). — *Cinq-Cents* (démissionnaire le 10 brumaire an IV).

LOYSEL, 44 ans, né à Saint-James (Manche) ; marié. — *Anciens.*

QUINETTE, 33 ans ; célibataire. — *Cinq-Cents.*

ALLIER.

6 députés :

BEAUCHAMP, 34 ans ; marié, avec enfants. — *Cinq-Cents* (démissionnaire le 22 ventôse an IV).

* CHABOT, 37 ans, né à Montluçon ; célibataire. — *Cinq-Cents* (démissionnaire le 9 brumaire an IV).

CHEVALIER, 59 ans, né à Montluçon ; veuf, avec enfants.

* Deleage, 61 ans; marié, 7 enfants.
Giraud, 50 ans; marié, avec enfants. — *Anciens.*
Martel, 47 ans; marié, 5 enfants. — *Anciens.*

ALPES (BASSES-).

6 députés :

* Bouret, 43 ans, né le 16 juillet 1752; marié, 3 enfants. — *Anciens.*
Dherbez Latour, 60 ans; marié, plusieurs enfants.
Maisse, 39 ans et 6 mois; marié. — *Cinq-Cents.*
Peyre, 35 ans; marié. — *Cinq-Cents.*
Reguis, 40 ans, né en mars 1755; marié, 2 enfants. — *Anciens.*
Savornin, 42 ans et 7 mois, né en mars 1753; veuf, 7 enfants. — *Cinq-Cents.*

ALPES (HAUTES-).

5 députés :

Borel, 39 ans, né en 1766, au Bez (district de Briançon); marié, avec enfants. — *Cinq-Cents.*
Cazeneuve, 49 ans, né à Gap; célibataire. — *Cinq-Cents.*
Izoard, 30 ans, né le 2 novembre 1765; célibataire. — *Cinq-Cents.*
Serre, 33 ans; marié, avec enfants. — *Cinq-Cents.*

Député n'ayant pas fait de déclaration :

* Chauvet (son nom ne figure pas sur la liste récapitulative).

ALPES-MARITIMES.

3 députés :

Blanqui, 38 ans; célibataire. — *Cinq-Cents.*
Dabray, 42 ans; célibataire. — *Cinq-Cents.*
Massa, 52 ans; célibataire. — *Cinq-Cents.*

ARDÈCHE.

8 députés :

Boissy d'Anglas, 39 ans, né en 1755; marié, avec enfants. — *Cinq-Cents.*

Corenfustier, 48 ans et 4 mois; marié, sans enfants. — *Anciens.*

Gamon, 28 ans, né le 6 avril 1767; marié. — *Cinq-Cents.*

Garilhe, 34 ans; célibataire. — *Cinq-Cents.*

Gleizal, 32 ans; marié, avec enfants.

Saint-Martin, 50 ans; veuf, avec enfants. — *Cinq-Cents.*

Saint-Prix, 38 ans, né à Saint-Peray; célibataire. — *Cinq-Cents.*

* Thoulouze, 41 ans; marié, 2 enfants.

ARDENNES.

8 députés :

Baudin, 46 ans; marié. — *Anciens.*

* Blondel, 49 ans et 6 mois; célibataire. — *Cinq-Cents.*

Dubois-Crancé, 47 ans, né à Charleville; marié. — *Cinq-Cents.*

Ferry, 37 ans; marié.

* Piette, 48 ans et 30 jours; marié, 6 enfants. — *Anciens.*

Robert, 54 ans; marié, avec enfants.

Thierriet, 53 ans; marié. — *Anciens.*

Vermon, 40 ans et 6 mois; célibataire.

ARIÈGE.

6 députés :

* Bordes, 36 ans, né le 22 mai 1762, à Rimont (district de Saint-Girons); célibataire. — *Cinq-Cents.*

Campmartin, 63 ans, né le 14 mai 1733; marié. — *Anciens.*

Clauzel, 40 ans passés; marié, avec enfants. — *Anciens.*

Espert, 36 ans; marié.

GASTON, 38 ans et 7 mois; marié.
LAKANAL, 32 ans, né à Serres; célibataire. — *Cinq-Cents.*

AUBE.

9 députés :

BONNEMAIN, 39 ans, né le 29 décembre 1756, à Bucey-en-Othe; marié, avec enfants. — *Cinq-Cents.*

COURTOIS, 41 ans, né le 14 juillet 1754; marié, 6 enfants. — *Anciens.*

* DAVID, 38 ans, né le 9 novembre 1757, à Paris; marié, 1 enfant.

DOUGE, 60 ans moins un mois; marié. — *Anciens* (démissionnaire le 19 pluviôse an IV).

DUVAL, 46 ans moins 16 jours; veuf. — *Cinq-Cents.*

GARNIER, 53 ans, né le 7 septembre 1742; marié, 1 enfant.

* LUDOT, 34 ans, né le 20 juin 1761, à Arcis-sur-Aube; célibataire. — *Cinq-Cents.*

PIERRET, 37 ans, né le 15 mars 1758; marié, sans enfants. — *Cinq-Cents.*

ROBIN, 38 ans, né à Auxerre, le 16 octobre 1757; marié, 2 enfants.

AUDE.

8 députés :

AZEMA, 43 ans, né le 16 juin 1752, à Argelliers; marié, 3 enfants.

BONNET, 41 ans, né le 25 mars 1754, à Limoux; marié, 4 enfants.

GIRARD, 42 ans, né le 7 décembre 1753, à Narbonne; marié, 2 enfants. — *Anciens.*

MARRAGON, 54 ans, né le 10 juillet 1741, à Luc (Aude); marié, 4 enfants. — *Anciens.*

MORIN, 46 ans, né le 27 février 1749, à Saint-Nazaire (district de Narbonne); célibataire. — *Cinq-Cents.*

PERIÈS cadet, 59 ans, né le 22 novembre 1736; marié, avec enfants. — *Cinq-Cents.*

RAMEL, 35 ans, né en novembre 1760, à Montolieu; célibataire. — *Cinq-Cents.*

TOURNIER, 45 ans, né le 1er décembre 1750, à Saint-Papoul; célibataire. — *Cinq-Cents* (démissionnaire le 8 nivôse an IV).

AVEYRON.

8 députés :

BERNARD [DE SAINT-AFFRIQUE], 49 ans; marié. — *Anciens.*

CAMBOULAS, 36 ans, né à Saint-Geniès; marié. — *Cinq-Cents.*

LACOMBE, 34 ans; célibataire.

LOBINHES, 56 ans; marié, 6 enfants. — *Cinq-Cents.*

LOUCHET, 42 ans, né le 21 janvier 1753, à Longpré-sur-Somme (district d'Abbeville); célibataire.

* ROUS, 40 ans et 3 mois; marié. — *Cinq-Cents.*

SAINT-MARTIN VALOGNE, 45 ans, né à Milhau; marié. — *Cinq-Cents.*

SECOND, 51 ans, né à Rodez; célibataire.

BOUCHES-DU-RHONE.

4 députés :

DURAND-MAILLANE, 65 ans, né à Saint-Remy; marié. — *Anciens.*

* LAURENS, 53 ans, né à Barrême (Basses-Alpes); marié.

LEBLANC, 51 ans et 6 mois, né à Aix; marié, 3 enfants.

* PELLISSIER, 30 ans et 4 mois, né à Saint-Remy; veuf, 1 fille.

CALVADOS.

13 députés :

BONNET, 52 ans, né le 8 juillet 1743; marié, avec enfants.

* COSNARD, 44 ans; marié, avec enfants.

DELLEVILLE, 55 ans, né en 1740; marié, avec enfants.

DOULCET, 30 ans; marié, 2 enfants. — *Cinq-Cents.*

DUBOIS DUBAIS, 49 ans; marié, avec enfants. — *Cinq-Cents.*

DUMONT, 30 ans, né à Bernières; marié, — *Cinq-Cents.*
JOUËNNE-LONCHAMP, 32 ans; célibataire. — *Cinq-Cents.*
HENRY LARIVIÈRE, 33 ans, né à Falaise; marié. — *Cinq-Cents.*
LEGOT, 47 ans et 10 mois, né le 21 octobre 1747, à Falaise; veuf, sans enfants. — *Cinq-Cents.*
* LEMOINE, 50 ans; célibataire. — *Cinq-Cents.*
LOMONT, 46 ans, né à Caen; marié, avec enfants. — *Anciens.*
TAVEAU, 39 ans, né à Honfleur; célibataire.
VARDON, 43 ans; célibataire.

CANTAL.

6 députés :

* BERTRAND, 46 ans; marié, 3 enfants. — *Anciens.*
CHABANON, 38 ans; marié. — *Cinq-Cents.*
MÉJANSAC, 45 ans, marié, avec enfants. — *Cinq-Cents.*
MILHAUD, 29 ans; marié, avec enfant.
MIRANDE, 49 ans et 2 mois 1/2; marié, avec enfants.
THIBAULT, 46 ans; célibataire. — *Cinq-Cents.*

CHARENTE.

9 députés :

BELLEGARDE, 55 ans; marié, 8 enfants. — *Cinq-Cents.*
BRUN, 69 ans; marié, 1 fils et 5 petits enfants.
CHAZAUD, 48 ans et 5 mois; marié, 5 enfants.
CHEDANEAU, 36 ans; marié.
CRÉVELIER, 31 ans et demi; marié, avec enfants.
DEVARS, 41 ans; marié. — *Anciens.*
GUIMBERTEAU, 51 ans; marié, sans enfants. — *Cinq-Cents.*
* MAULDE, 35 ans; marié, 4 enfants. — *Cinq-Cents.*
RIBEREAU, 35 ans; marié, avec enfants. — *Cinq-Cents.*

CHARENTE-INFÉRIEURE.

10 députés :

BREARD, 44 ans; marié. — *Anciens.*

DAUTRICHE, 45 ans, né le 26 novembre 1750; marié. — *Anciens*.
* DESGRAVES, 44 ans, né le 1er novembre 1751; marié. — *Anciens*.
ESCHASSERIAUX (Joseph), 41 ans; célibataire. — *Cinq-Cents*.
* ESCHASSERIAUX (René), 40 ans; célibataire. — *Cinq-Cents*.
GARNIER, 40 ans et quelques mois, né le 30 mars 1755; marié. — *Cinq-Cents*.
GIRAUD, 47 ans; marié. — *Cinq-Cents* (démissionnaire le 7 floréal an IV).
LOZEAU, 37 ans; marié. — *Cinq-Cents*.
NIOU, 43 ans; marié. — *Anciens*.
VINET, 48 ans, né à Saint-Ciers-du-Taillon; célibataire. — *Cinq-Cents*.

CHER.

6 députés :

ALLASŒUR, 64 ans et 6 mois; veuf, 7 enfants.
BAUCHETON, 45 ans; célibataire. — *Cinq-Cents*.
DUGENNE, 58 ans et 3 mois; marié, 4 enfants.
FAUVRE LABRUNERIE, 44 ans; marié, sans enfants. — *Anciens*.
FOUCHER, 42 ans; marié, 2 enfants.
* PELLETIER, 46 ans; marié, avec enfants.

CORRÈZE.

5 députés :

BRIVAL, 44 ans, né à Tulle; marié, 3 enfants. — *Anciens*.
* LAFON, 51 ans, né à Beaulieu; marié.
PÉNIÉRES, 29 ans; marié. — *Cinq-Cents*.
* PLAZANET, 32 ans, né à Peyrelevade (Corrèze); célibataire. — *Cinq-Cents*.
* RIVIÈRE, 46 ans, né à Chamboulives; marié, 5 enfants.

CORSE.

6 députés :

ANDREI, 61 ans, né à Moita; célibataire. — *Cinq-Cents*.

* ARRIGHY, 45 ans, né à Corte; célibataire. — *Cinq-Cents.*
BOZI, 50 ans, né à Bastia; marié. — *Anciens.*
CASABIANCA, 35 ans, né à Vescovato; marié, avec enfants. — *Cinq-Cents.*
CHIAPPE, 33 ans environ; célibataire. — *Cinq-Cents.*
MOLTEDO, 44 ans, né à Vico; célibataire. — *Cinq-Cents.*

COTE-D'OR.

11 députés :

BERLIER, 34 ans et demi; marié. — *Cinq-Cents.*
* EDOUARD, 31 ans; marié, avec enfants.
GUIOT, 40 ans; marié. — *Anciens.*
GUYTON MORVEAU, 58 ans; célibataire. — *Cinq-Cents.*
LAMBERT, 60 ans; veuf.
MAREY, 35 ans, né à Nuits; marié.
OUDOT, 40 ans; marié. — *Cinq-Cents.*
PRIEUR, 31 ans et demi; célibataire. — *Cinq-Cents.*
RAMEAU, 47 ans; marié. — *Cinq-Cents* (démissionnaire le 27 pluviôse an IV).
* SIRUGUE, 41 ans; marié.
TRULLARD, 57 ans; célibataire.

COTES-DU-NORD.

9 députés :

* COUPARD, 55 ans et 8 mois; marié, avec enfants.
COUPPÉ, 38 ans, né à Lannion, en mars 1757; célibataire. — *Cinq-Cents.*
FLEURY, 41 ans, né le 17 janvier 1754, à Quintin; marié, avec enfants. — *Cinq-Cents.*
GAULTIER, 43 ans, né le 16 janvier 1752, à Pontrieux; célibataire. — *Cinq-Cents.*
GIRAULT, 59 ans, né le 29 octobre 1736, à Paris; marié, 1 fille. — *Anciens.*
GOUDELIN, 30 ans; marié. — *Cinq-Cents.*
GUYOMAR, 38 ans, né à Guingamp; marié. — *Cinq-Cents.*

PALASNE-CHAMPEAUX, 59 ans, né à Port-Brieuc, le 21 mai 1736; marié avec Thérèse Raby, 11 garçons. — *Cinq-Cents* (décédé le 13 brumaire an IV).

* TOUDIC, 30 ans, né à Guingamp, en septembre 1765; marié, sans enfants. — *Cinq-Cents.*

CREUSE.

6 députés :

BARAILON, 53 ans; marié, 6 enfants. — *Cinq-Cents.*

COUTISSON-DUMAS, 48 ans et 3 mois; marié, 6 enfants. — *Anciens.*

DEBOURGES, 49 ans et 6 mois; marié, avec enfants. — *Anciens.*

* FAURE, 40 ans et 5 mois; marié, 2 enfants. — *Cinq-Cents* (démissionnaire le 8 ventôse an V).

JORRAND, 39 ans; marié, avec enfants. — *Cinq-Cents.*

TEXIER, 46 ans; veuf, 3 enfants. — *Cinq-Cents.*

DORDOGNE.

7 députés :

ALLAFORT, 54 ans, né à Nontron; veuf, avec enfants. — *Anciens.*

BORIE-CAMBORT, 50 à 60 ans (*sic*), né à Sarlat; célibataire. — *Cinq-Cents.*

BOUQUIER, 55 ans et 9 mois, né à Terrasson (district de Montignac); marié, avec enfants.

LAMARQUE, 35 à 40 ans; célibataire. — *Cinq-Cents.*

MEYNARD, 39 ans; veuf. — *Cinq-Cents.*

ROUX [FAZILLAC], 49 ans; célibataire.

TAILLEFER, 31 ans, né à Domme (district de Sarlat); marié, avec enfants.

DOUBS.

6 députés :

BESSON, 36 ans et 11 mois, né à Amancey (district d'Ornans); marié, 5 enfants.

MICHAUD, 35 ans, né à Pontarlier; marié, 1 enfant. — *Cinq-Cents.*

MONNOT, 52 ans; veuf, 3 enfants. — *Cinq-Cents.*

QUIROT, 37 ans et 10 mois, né à Besançon; célibataire. — *Cinq-Cents.*

SEGUIN, 54 ans, né à Besançon; célibataire. — *Cinq-Cents.*

VERNEREY, 46 ans, né à Baume-les-Dames; marié, avec enfants. — *Anciens.*

DROME.

9 députés :

BOISSET, 47 ans, né le 8 octobre 1748, à Montélimar; marié, 1 enfant. — *Anciens.*

COLAUD LA SALCETTE, 61 ans, né à Briançon (Hautes-Alpes); célibataire. — *Cinq-Cents* (décédé le 5 nivôse an V).

FAYOLLE, 49 ans, né le 23 décembre 1746, à Saint-Paul-les-Romans; célibataire. — *Cinq-Cents.*

JACOMIN, 31 ans, né au Buis; célibataire. — *Cinq-Cents.*

JULLIEN, 51 ans, né au Bourg de l'Unité; marié, 2 enfants.

MARBOS, 56 ans, né le 24 février 1739, au Péage de Pisançon-les-Romans; célibataire. — *Cinq-Cents.*

* MARTINEL, 32 ans, né à Rousset; célibataire. — *Cinq-Cents.*

QUIOT, 47 ans, né à Alixan; marié, 12 enfants.

Député n'ayant pas fait de déclaration :

Le nom d'un député manque; probablement celui d'OLIVIER GERENTE, qui représente le Vaucluse. — *Anciens.*

EURE.

9 députés :

* BIDAULT, 35 ans. — *Cinq-Cents* (démissionnaire le 13 brumaire an IV).

BOUILLEROT, 43 ans et 6 mois, né le 11 février 1752, à Bernay; veuf, sans enfants. — *Anciens.*

DUBUSC, 64 ans, né à Louviers; veuf. — *Cinq-Cents.*

LINDET (R.-T.), 40 ans passés, né à Bernay; marié. — *Anciens.*

RICHOU, 47 ans, né à Bouillé-Loret (district de Thouars); marié, 1 enfant à sa femme (*sic*). — *Anciens.*

TOPSENT, 40 ans, né à Quillebœuf, le 10 juin 1755; marié. — *Anciens.*

Députés n'ayant pas fait de déclaration :

SAVARY. — *Cinq-Cents* (démissionnaire le 14 brumaire an IV).

FRANCASTEL.

EURE-ET-LOIR.

7 députés :

BOURGEOIS, 42 ans, né à Chartres; marié, 3 enfants. — *Anciens.*

* DERONZIERES, 46 ans; marié.

GIROUST, 46 ans, né à Nogent-le-Rotrou; veuf par la révolution du 31 mai (*sic*), 1 enfant. — *Cinq-Cents.*

LESAGE, 37 ans; célibataire. — *Cinq-Cents* (décédé le 21 prairial an IV).

LOISEAU, 45 ans, né à Châteauneuf; marié, avec enfants.

* MARAS, 33 ans, né à Chartres; marié.

Député n'ayant point fait de déclaration :

FREMANGER.

FINISTÈRE.

9 députés :

BOHAN, 44 ans; célibataire. — *Cinq-Cents.*

BOISSIER, 39 ans et 5 mois, né le 20 mars 1756; marié. — *Cinq-Cents.*

GOMAIRE, 49 ans; célibataire. — *Cinq-Cents.*

GUERMEUR, 45 ans passés, né le 21 avril 1750, à Quimper; veuf, avec enfants. — *Anciens.*

GUEZNO, 31 ans; célibataire. — *Cinq-Cents.*

KERVELEGAN, 45 ans; marié, avec enfants. — *Anciens.*
MAREC, 37 ans, né à Brest; marié, avec enfants. — *Cinq-Cents.*
QUEINNEC, 40 ans; marié. — *Cinq-Cents.*

Député n'ayant pas fait de déclaration :

BLAD. — *Cinq-Cents.*

GARD.

7 députés :

AUBRY, 46 ans, né à Paris; marié. — *Cinq-Cents.*
* BERTEZENE, 36 ans, né à Saint-Jean-du-Gard (district d'Alais); marié. — *Cinq-Cents.*
* CHAMBON, 56 ans, né à Uzès; veuf, 2 enfants. — *Anciens.*
CHAZAL, 29 ans; célibataire. — *Cinq-Cents.*
JAC, 50 ans, né à Quissac, commune de Sommières; veuf. — *Anciens.*
LEYRIS, 33 ans, né à Alais; marié.
RABAUT, 50 ans, né à Nîmes; marié. — *Anciens.*

HAUTE-GARONNE.

11 députés :

AŸRAL, 59 ans; marié.
CALÉS, 38 ans, né à Cessales; marié. — *Cinq-Cents.*
DELMAS, 44 ans, né à Toulouse, le 3 janvier 1751; marié. — *Anciens.*
DRULHE, 41 ans, né en 1754, à Villefranche-d'Aveyron; célibataire. — *Cinq-Cents.*
ESTADENS, 53 ans; veuf, sans enfants. — *Anciens.*
* LESPINASSE, 53 ans, né le 27 juillet 1742, à Toulouse; célibataire. — *Cinq-Cents.*
MAILHE, 41 ans; célibataire. — *Cinq-Cents.*
MAZADE, 45 ans, né le 28 mars 1750, à Montech (Haute-Garonne); marié, 7 enfants. — *Anciens.*

PROJEAN, 38 ans, né à Carbonne; marié depuis 4 mois 1/2.

PERÉS, 43 ans, né en mai 1752, à Boulogne (Haute-Garonne); marié, avec enfants. — *Cinq-Cents.*

ROUZET, 53 ans, né le 23 mai 1743, à Toulouse; marié, le 6 février 1774, avec Marie Hébrard, 6 enfants. — *Cinq-Cents.*

GERS.

8 députés :

BOUSQUET, 47 ans; célibataire.

DESCAMPS, 37 ans et 6 mois; marié. — *Cinq-Cents.*

ICHON, 38 ans; marié.

LAGUIRE, 40 ans, né le 10 juillet 1755, à Manciet; célibataire.

LAPLAÏGNE, 48 ans, né le 23 octobre 1746; célibataire. — *Cinq-Cents.*

MOŸSSET, 70 ans, né le 7 avril 1726, à Fleurance; marié, 3 enfants. — *Anciens.*

PEREZ, 36 ans, né le 30 avril 1759, à Auch; marié, 2 enfants. — *Cinq-Cents.*

Député n'ayant pas fait de déclaration :

CAPPIN.

GIRONDE.

5 députés :

DELEYRE, 69 ans, né le 5 janvier 1726; marié, 2 filles. — *Cinq-Cents* (décédé le 21 ventôse an IV).

GARRAU, 33 ans, né le 20 février 1762, à Sainte-Foy; marié. — *Cinq-Cents.*

JAY, 52 ans, né à Sainte-Foy; célibataire.

Députés n'ayant pas fait de déclaration :

* BERGOEING. — *Cinq-Cents.*

* EZEMAR.

HÉRAULT.

7 députés :

BONNIER, 45 ans, né à Montpellier; veuf, 2 enfants.
CAMBACÉRÈS, 42 ans, né à Montpellier; célibataire. — *Cinq-Cents.*
CASTILHON, 49 ans et 8 mois, né à Montpellier; marié, 3 enfants. — *Anciens.*
CURÉE, 38 ans; marié.
* JOUBERT, 33 ans; marié.
VIENNET, 61 ans; marié, 6 enfants. — *Anciens.*

Député n'ayant pas fait de déclaration :

ROUYER. — *Cinq-Cents.*

ILLE-ET-VILAINE.

11 députés :

BEAUGEARD, 31 ans et six mois, né à Vitré; célibataire.
CHAUMONT, 51 ans, né à Port-Malo; marié, 5 enfants.
DEFERMON, 43 ans, né en novembre 1752; marié. — *Cinq-Cents.*
DU BIGNON, 41 ans, né le 5 juillet 1754, à Redon; marié, 2 enfants. — *Cinq-Cents.*
DUVAL, 45 ans; marié. — *Cinq-Cents.*
LANJUINAIS, 42 ans; marié. — *Anciens.*
LE BRETON, 45 ans; veuf. — *Anciens.*
* MAUREL, 53 ans, né le 2 février 1741; marié.
OBELIN, 59 ans; marié. — *Cinq-Cents.*
SEVESTRE, 42 ans, né en 1753; marié.
* TREHOÜART, 42 ans, né à Port-Malo; marié, 3 enfants.

INDRE.

5 députés :

BOUDIN, 39 ans. — *Cinq-Cents.*

DERAZEY, 46 ans ; veuf, 1 enfant. — *Anciens.*
PEPIN, 49 ans ; marié, 5 enfants. — *Cinq-Cents.*
PORCHER, 43 ans, né le 22 mars 1752 ; veuf, avec enfants. — *Anciens.*
THABAUD, 38 ans ; célibataire. — *Cinq-Cents.*

INDRE-ET-LOIRE.

8 députés :

BODIN, 48 ans ; marié, 3 enfants. — *Cinq-Cents.*
* CHAMPIGNY-AUBIN, 38 ans ; marié.
CHAMPIGNY-CLÉMENT, 42 ans, né à Chinon-sur-Vienne ; marié, 4 enfants.
NIOCHE, 43 ans, né à Azay-le-Ferron ; marié, avec enfants. — *Anciens.*
POTTIER, 40 ans, né à Loches ; marié.
RUELLE, 41 ans, né à la Chapelle-Blanche ; marié, 6 enfants. — *Cinq-Cents.*
VEAU [DE LAUNAY], 43 ans, né à Tours ; marié, avec enfants.
YSABEAU, 41 ans, né à Gien ; marié. — *Anciens.*

ISÈRE.

9 députés :

BAUDRAN, 44 ans, né à Crémieu ; marié, 1 enfant.
BOISSIEU, 41 ans, né le 15 mars 1754, à Saint-Marcellin ; marié. — *Cinq-Cents* (démissionnaire le 15 brumaire an IV).
* CHARREL, 38 ans, né à Frontonas ; célibataire. — *Cinq-Cents.*
* DECOMBEROUSSE, 45 ans, né à Villeurbanne ; marié, avec enfants. — *Anciens.*
GENÉVOIS, 44 ans, né à La Mure ; célibataire. — *Cinq-Cents.*
GENISSIEU, 45 ans, né le 29 octobre 1749, à Chabeuil (Drôme) ; célibataire. — *Cinq-Cents.*
PRUNELLE [DE LIERE], 55 ans, né à Grenoble ; veuf, sans enfants.
REAL, 39 ans, né à Grenoble. — *Cinq-Cents.*
SERVONAT, 47 ans ; marié. — *Anciens.*

JURA.

8 députés :

AMYON, 61 ans, né à Poligny ; marié, 1 enfant. — *Anciens.*

BABEY, 53 ans, né le 2 mai 1743, à Orgelet ; célibataire. — *Cinq-Cents.*

BONGUIOD[1], 44 ans ; marié.

FERROUX, 45 ans, né à Salins ; marié. — *Anciens.*

GRENOT, 47 ans, né le 7 août 1748, à Gendrey (Jura) ; veuf, 1 enfant. — *Cinq-Cents.*

LAURENCEOT, 32 ans, né à Arbois ; marié, avec enfants. — *Cinq-Cents.*

PROST, 52 ans, né en 1743, à Dôle ; marié. — *Cinq-Cents.*

VERNIER, 64 ans, né le 21 juillet 1731, à Lons-le-Saulnier. — *Anciens.*

LANDES.

5 députés :

CADROY, 41 ans. — *Cinq-Cents.*

DUCOS, 48 ans, né le 25 juillet 1747 ; marié, avec enfants. — *Anciens.*

DYZEZ, 54 ans ; célibataire.

LEFRANC, 39 ans ; marié, sans enfants. — *Cinq-Cents.*

SAURINE, 62 ans, né le 10 mars 1733 ; célibataire. — *Cinq-Cents.*

LOIR-ET-CHER.

5 députés :

BRISSON, 55 ans, né le 14 décembre 1739 ; marié, 1 enfant.

FRECINE, 44 ans, né en décembre 1751 ; marié, 2 enfants.

GRÉGOIRE, 45 ans, né le 4 décembre 1750 ; célibataire. — *Cinq-Cents.*

LE CLERC, 56 ans, né le 25 juillet 1738 à Villedieu (district de Vendôme) ; célibataire. — *Cinq-Cents.*

[1] Le nom de Bonguiod a été biffé sur toutes les listes récapitulatives, ainsi que sa déclaration signée ici avec un I, au lieu de l'Y qu'on trouve à de précédentes signatures.

* VENAILLE, 43 ans, né le 12 septembre 1753, à Romorantin; marié, 3 enfants.

LOIRE (HAUTE-).

8 députés :

* BARDY, 52 ans, né à Vézézoux; marié.
* BARTHELEMY, 52 ans, né au Puy; marié. — *Cinq-Cents.*
BONET, 38 ans, né à Saint-Jeure (district de Monistrol); célibataire. — *Cinq-Cents.*
CAMUS, 56 ans, né à Paris; marié. — *Cinq-Cents.*
DELCHER, 45 ans, né à Brioude; marié, 10 enfants. — *Anciens.*
FAURE, 49 ans; marié. — *Cinq-Cents.*
* LEMOŸNE, 47 ans, né à Dunières; marié, 10 enfants.
REYNAUD, 56 ans, né au Puy; marié.

LOIRE-INFÉRIEURE.

6 députés :

CHAILLON, 59 ans et 5 mois; veuf, 9 enfants. — *Anciens* (décédé le 16 germinal an IV).
JARY, 55 ans et 10 mois; célibataire. — *Cinq-Cents.*
LEFEBVRE, 38 ans; marié, 2 enfants. — *Cinq-Cents.*
MÉAULLE, 38 ans et 6 mois; marié, 3 enfants. — *Cinq-Cents.*
VILLERS, 44 ans; célibataire. — *Cinq-Cents.*

Député n'ayant pas fait de déclaration :

FOUCHÉ.

LOIRET.

9 députés :

DELAGUEULLE, 59 ans et 5 mois; marié, avec enfants.
* GAILLARD, 45 ans; marié.
GARRAN [DE COULON], 45 ans; marié. — *Cinq-Cents.*
GUERIN, 36 ans; célibataire. — *Cinq-Cents.*

LE PAGE, 33 ans ; célibataire.
LOMBARD LACHAUX, 51 ans ; marié.
LOUVET, 35 ans ; marié. — *Cinq-Cents.*
PELÉ, 62 ans ; célibataire.

Député n'ayant pas fait de déclaration :

GENTIL. — *Cinq-Cents.*

LOT.

9 députés :

* BLAVIEL, 38 ans, né à Cajarc ; célibataire. — *Cinq-Cents.*
BOUYGUES, 39 ans, né à Saint-Céré ; célibataire. — *Cinq-Cents.*
CAVAIGNAC, 32 ans, né à Gourdon ; célibataire. — *Cinq-Cents.*
CLEDEL, 58 ans, né à Alvignac ; célibataire. — *Cinq-Cents.*
DELBREL, 31 ans, né à Moissac ; marié.
LA BOISSIÈRE, 65 ans et 10 mois, né au Bourg de Visa ; marié. *Anciens.*
MONMAYOU, 38 ans, né à Lauzerte ; marié, avec enfants.
SALLELES, 58 ans, né à Cahors ; marié, 7 enfants. — *Anciens.*
* SARTRE ayné, 35 ans, né à Bruniquet ; marié, avec enfants. — *Cinq-Cents.*

LOT-ET-GARONNE.

8 députés :

BOUSSION, 42 ans, né à Lauzun ; marié, avec enfants. — *Anciens.*
* CABARROC, 62 ans, né à Saint-Michel ; marié, avec enfants. — *Anciens.*
CLAVERYE, 58 ans, né à Moncrabeau ; veuf, sans enfants. — *Anciens.*
FOURNEL, 35 ans, né à Tournon ; marié, avec enfants.
GUYET-LAPRADE, 39 ans, né à Meilhan ; marié, avec enfants — *Cinq-Cents* (démissionnaire le 14 ventôse an V).
LAURENT, 58 ans, né à Bruyères (Vosges) ; marié, sans enfants. *Anciens.*

PAGANEL, 50 ans, né à Villeneuve ; marié, avec enfants.

VIDALOT, 61 ans, né à Valence (Lot-et-Garonne) ; marié, avec enfants. — *Anciens.*

LOZÈRE.

5 députés :

BARROT, 42 ans, né le 30 juin 1753, à Planchan (district de Villefort) ; marié. — *Anciens.*

CHATEAUNEUF RANDON, 38 ans, né le 18 octobre 1757, à Tarbes ; marié.

MONESTIER, 40 ans, né le 25 septembre 1755, à Severac ; marié.

PELET, 36 ans, né à Saint-Jean ; marié, 3 enfants. — *Cinq-Cents.*

SERVIÈRE, 36 ans, né au Pont-de-Montvert (district de Florac) ; veuf.

MAINE-ET-LOIRE.

8 députés :

DANDENAC aîné, 45 ans, né à Saumur ; marié. — *Anciens.*

DANDENAC jeune, 43 ans, né à Saumur ; veuf. — *Anciens.*

DELAUNAY [jeune], 40 ans, né à Angers ; marié, avec enfants. — *Cinq-Cents.*

LEMAIGNAN, 49 ans, né à Baugé ; veuf, avec enfants. — *Cinq-Cents.*

* MENUAU, 46 ans, né à Saint-Maixent ; marié. — *Anciens.*

PERARD, 35 ans, né à Angers ; célibataire.

REVELLIERE LÉPEAUX, 42 ans, né à Montaigu (Vendée) ; marié, avec enfants. — *Anciens.*

* TALOT, 40 ans, né à Cholet ; célibataire. — *Cinq-Cents.*

MANCHE.

12 députés :

BONNESŒUR, 41 ans, né en 1754, à Saint Georges-de-Rouelley ; marié, 2 enfants. — *Anciens.*

ENGERRAN, 44 ans, né à Villedieu; veuf, avec enfants. — *Cinq-Cents.*

HAVIN, 40 ans, né le 10 janvier 1755, au Mesnil (district de Saint-Lô); marié. — *Anciens.*

HUBERT, 51 ans, né le 21 septembre 1744, à Coutances; célibataire. — *Cinq-Cents.*

LAURENCE, 34 ans, né à Villedieu; marié, sans enfants. — *Cinq-Cents.*

LEMOINE, 41 ans et 6 mois, né à Mortain; marié, avec enfants.

LE TOURNEUR, 44 ans, né à Granville; marié, 1 enfant. — *Anciens.*

PINEL, 34 ans, né à Saint-James (Manche); marié, 2 enfants. — *Cinq-Cents.*

POISSON, 49 ans, né en 1746, à Saint-Lô; veuf. — *Anciens.*

REGNAULD-BRETEL, 53 ans, né le 9 mai 1742, à la Haye-du-Puits; marié, 5 enfants. — *Anciens.*

RIBET, 50 ans, né le 18 octobre 1744 ou 1745 (*sic*), à Néhou; marié, avec enfants. — *Anciens.*

SAUVÉ, 60 ans, né le 14 septembre 1735, à Ducey; marié, avec enfants. — *Anciens.*

MARNE.

8 députés :

ARMONVILLE, 39 ans; non célibataire (*sic*).

BATTELLIER, 37 ans, né à Vitry-sur-Marne; marié.

BLANC, 45 ans et 6 mois; marié, 6 enfants.

CHARLIER, 41 ans, né le 25 septembre 1754, à Châlons; marié, 6 enfants. — *Anciens* (décédé le 5 ventôse an V).

DELACROIX, 54 ans, né en avril 1741, à Givry-en-Argonne; marié, 3 enfants. — *Anciens.*

DEVILLE, 37 ans; célibataire. — *Cinq-Cents.*

POULAIN, 37 ans; célibataire. — *Cinq-Cents.*

Député n'ayant pas fait de déclaration :

DROÜET.

MARNE (HAUTE-).

6 députés :

GUYARDIN, 37 ans et 6 mois, né à Dommarien; marié. — *Cinq-Cents.*

LALOY [jeune], 47 ans, né à Doulevant; marié, avec enfants. — *Cinq-Cents.*

MONNEL, 47 ans, né à Bricon; célibataire.

ROUX, 42 ans, né à Vichy (Allier); marié, avec enfants. — *Cinq-Cents.*

VALDRUCHE, 50 ans, né à Joinville; marié, avec enfants.

WANDELAINCOURT, 64 ans, né à Rupt (Meuse); célibataire. — *Cinq-Cents.*

MAYENNE.

8 députés :

BISSY, 39 ans, né à Mayenne; célibataire. — *Cinq-Cents.*

* DESTRICHÉ, 45 ans; marié. — *Anciens.*

ENJUBAULT, 47 ans et 6 mois; marié, 4 enfants. — *Cinq-Cents.*

GROSSE DUROCHER. 49 ans; veuf, 3 enfants.

LE JEUNE, 66 ans; veuf, 2 enfants.

PLAICHARD CHOLTIERE, 55 ans; marié, 3 enfants. — *Anciens.*

SERVEAU, 47 ans; célibataire. — *Cinq-Cents.*

VILLAR, 46 ans; célibataire. — *Cinq-Cents.*

MEURTHE.

8 députés :

BONNEVAL, 58 ans, né à Jevelize (district de Château-Salins); marié, 2 enfants.

* COLLOMBEL, 39 ans, 11 mois et 20 jours, né à Argueil (Seine-Inférieure); marié, 2 enfants. — *Cinq-Cents.*

* JACOB, 59 ans, né à Nancy; marié, 2 enfants.

LALANDE, 62 ans, né à Saint-Lô (Manche); célibataire. — *Cinq-Cents.*

LE VASSEUR, 46 ans, né à Sarrebourg ; marié, 4 enfants.
MICHEL, 41 ans, né à Senones; marié, 2 enfants. — *Anciens.*
MOLLEVAUT, 51 ans, né à Jouy (Meuse) ; marié, 3 enfants. — *Anciens.*
ZANGIACOMI, 29 ans, né le 19 mars 1766, à Nancy; célibataire.

MEUSE.

8 députés :

BAZOCHE, 47 ans et 7 mois; marié. — *Anciens.*
* GARNIER, 47 ans, né à Bar-sur-Orain; marié, avec enfant.
HARMAND, 42 ans, né à Souilly (district de Verdun) ; marié. — *Anciens.*
HUMBERT, 45 ans; marié. — *Cinq-Cents.*
MARQUIS, 48 ans; célibataire. — *Cinq-Cents* (démissionnaire le 14 ventôse an V).
MOREAU, 53 ans; marié, avec enfants. — *Anciens* (démissionnaire le 4 prairial an IV).
PONS, 36 ans, né à Verdun. — *Cinq-Cents.*
ROUSSEL, 46 ans, né à Ribeaucourt ; célibataire.

MONT-BLANC.

10 députés :

BALMAIN, 44 ans, né en 1751, à Saint-Sorlin-d'Arves (district de Saint-Jean) ; célibataire. — *Cinq-Cents.*
CARELLI, 36 ans, né à la Roche-Cevin; marié.
DUBOULOZ, 45 ans, né à Thonon; marié. — *Cinq-Cents.*
* DUMAZ, 33 ans, né en avril 1762, à Chambéry; marié, 2 enfants. *Cinq-Cents.*
DUPORT, 33 ans, né en août 1762, à Faverges; célibataire. — *Cinq-Cents.*
* GENIN, 30 ans et 7 mois, né à Chambéry; célibataire.
GENTIL, 40 ans, né le 26 mai 1755, à Saint-Didier (district de Thonon); marié.
GUMERY, 44 ans; marié. — *Anciens.*

MARCOZ, 36 ans, né à Jarrier (district de Saint-Jean-de-Maurienne); célibataire. — *Cinq-Cents.*

MARIN, 37 ans, né en mai 1758, à Chambéry; marié, 2 enfants. — *Cinq-Cents.*

MONT-TERRIBLE.

2 députés :

LÉMANE, 46 ans, né à Porrentruy; célibataire. — *Cinq-Cents.*

ROUGEMONT, 31 ans, né à Porrentruy; célibataire.

MORBIHAN.

8 députés :

AUDREIN, 54 ans; célibataire.

* BRÜE, 33 ans; marié, avec enfants (décline toute candidature). *Cinq-Cents* (démissionnaire le 23 frimaire an IV).

* CHAIGNART, 49 ans; marié, avec enfants. — *Anciens.*

CORBEL, 46 ans; marié, avec enfants. — *Anciens.*

GILLET, 33 ans, né le 28 juin 1762, à Broons (Côtes-du-Nord); célibataire. — *Cinq-Cents* (décédé le 14 brumaire an IV).

LEMALLIAUD, 45 ans et 9 mois; marié, avec enfants. — *Cinq-Cents.*

MICHEL, 58 ans; marié, 7 enfants. — *Anciens.*

ROÜAULT, 40 ans; célibataire. — *Cinq-Cents.*

MOSELLE.

6 députés :

* BAR, 46 ans; marié, avec enfants. — *Anciens.*

BECKER, 51 ans, né à Saint-Avold; marié, avec enfants. — *Anciens.*

BLAUX, 65 ans et 10 mois, né à Rambervillers; marié, 4 enfants. — *Anciens.*

COUTURIER, 54 ans, né le 16 novembre 1741, à Porcelette; marié, 4 enfants. — *Cinq-Cents.*

* KARCHER, 40 ans, né à Sarre-Union; marié, avec enfants. — *Cinq-Cents.*

Député n'ayant pas fait de déclaration :

MERLIN [DE THIONVILLE].

NIÈVRE.

5 députés :

DAMERON, 38 ans; veuf, 1 fils.
GUILLERAULT, 43 ans, né à Pouilly-sur-Loire; marié, 3 enfants. — *Cinq-Cents.*
JOURDAN, 38 ans, né le 19 décembre 1757, à Lormes. — *Cinq-Cents.*
LEGENDRE, 36 ans; marié.
SAUTEREAU, 54 ans; marié. — *Cinq-Cents.*

NORD.

11 députés :

BOŸAVAL, 59 ans, né à Prisches (district d'Avesnes); marié, avec enfants.
CARPENTIER, 53 ans; célibataire. — *Cinq-Cents.*
COCHET, 47 ans; marié, avec enfants. — *Cinq-Cents.*
DAOUST, 55 ans, né à Douai; marié, avec enfants.
* DERENTY, 40 ans; marié, avec enfants. — *Anciens.*
GOSSUIN, 37 ans; marié. — *Cinq-Cents.*
LESAGE SENAULT, 55 ans; veuf, avec enfants. — *Cinq-Cents.*
* MALLET, 61 ans, né le 4 janvier 1734, à Marcoing; célibataire.
MERLIN, 40 ans et 10 mois, né à Douai; marié, avec enfants. — *Anciens.*
POULTIER, 43 ans, né à Montreuil-sur-Mer; marié. — *Anciens.*
SALLENGROS, 49 ans, né à Maubeuge; marié.

OISE.

11 députés :

* AUGER, 34 ans et 4 mois, né à Liancourt; marié, 3 enfants. — *Cinq-Cents*.
* BEZARD, 34 ans, né à Rogny (Yonne); marié. — *Cinq-Cents*.
BOURDON, 36 ans et 6 mois, né au Petit-Rouy (Somme); célibataire. — *Cinq-Cents*.
CALON, 68 ans et 6 mois, né à Grandvilliers; marié, 2 enfants.
COUPÉ, 58 ans; célibataire. — *Cinq-Cents*.
* DANJOU, 35 ans et 6 mois, né à Paris; marié.
DELAMARRE, 39 ans et 6 mois, né à Saint-Thibaud (L'Union); marié. — *Cinq-Cents*.
GODEFROY, 40 ans moins 9 jours, né à Paris; marié.
ISORÉ, 37 ans et 8 mois, né à Cauvigny (Oise); marié.
MATHIEU, 32 ans; célibataire. — *Cinq-Cents*.
PORTIEZ, 30 ans passés, né à Beauvais; célibataire. — *Cinq-Cents*.

ORNE.

10 députés :

* CASTAING, 28 ans et 6 mois; marié, 4 enfants.
* COLOMBEL, 57 ans et 3 mois; marié, 2 enfants.
* DESGROÜAS, 48 ans et 6 mois; veuf deux fois (*sic*).
* DESRIVIERES, 44 ans; marié, 5 enfants.
DUBOË, 44 ans; marié, 5 enfants. — *Anciens*.
DUGUÉ D'ASSÉ, 46 ans, né le 17 mai 1749; marié, 4 enfants. — *Anciens*.
* FOURMY, 53 ans, né le 4 décembre 1741; marié, avec enfants. — *Cinq-Cents*.
* JULLIEN DUBOIS, 59 ans, né le 25 août 1736; veuf, 1 fille.
PLET-BEAUPREY, 33 ans et 9 mois; célibataire. — *Cinq-Cents*.
* THOMAS, 36 ans; marié, 1 enfant. — *Cinq-Cents*.

PARIS.

12 députés :

BOUCHER SAUVEUR, 71 ans, né à Paris ; marié. — *Anciens.*
* BOURGAIN, 43 ans, né à Paris ; marié. — *Cinq-Cents.*
* BOURSAULT, 42 ans, né à Paris; marié.
* DESRUES, 34 ans, né à Vaugirard; marié.
DUSAULX, 66 ans, né à Chartres; marié. — *Anciens.*
* FOURCROY, 40 ans, né à Paris; marié. — *Anciens.*
FRERON, 39 ans et 3 mois, né à Paris; célibataire.
LEGENDRE, 43 ans, né en 1752, à Versailles; veuf. — *Anciens.*
RAFFRON, 72 ans, né à Paris ; marié. — *Cinq-Cents.*
ROBERT, 33 ans, né à Gimnée (pays de Liège); marié.
* ROUSSEAU, 57 ans, né à Vitry ; marié. — *Anciens.*
* VAUGEOIS, 42 ans, né le 15 avril 1753 à Tourouvre (Orne); marié.

PAS-DE-CALAIS.

10 députés :

BOLLET, 40 ans, né à Cuinchy-lez-la-Bassée ; marié. — *Cinq-Cents.*
CARNOT, 42 ans et 3 mois, né à Nolay (Côte-d'Or); marié. — *Anciens.*
DAUNOU, 34 ans, né à Boulogne-sur-Mer; célibataire.
* DU BRŒUCQ, 46 ans; marié.
ENLART, 35 ans, né à Montreuil-sur-Mer; marié.
* GARNIER, 40 ans et 6 mois, né à Ardres ; marié.
MAGNIEZ, 58 ans; marié.
PERSONNE, 51 ans; marié, 2 enfants. — *Anciens.*
* VARLET, 62 ans ; marié, 1 enfant. — *Anciens.*

Député n'ayant pas fait de déclaration :

GUFFROY.

PUY-DE-DOME.

9 députés :

ARTAULD, 52 ans, né à Ambert; marié. — *Anciens.*
DULAURE, 39 ans et 8 mois, né le 3 décembre 1755, à Clermont-Ferrand; marié. — *Cinq-Cents.*
GIBERGUES, 55 ans, né le 30 novembre 1740; marié. — *Anciens.*
GIROT, 42 ans, né en 1753; marié, avec enfants. — *Anciens.*
* JOURDE, 38 ans et 7 mois, né le 17 janvier 1757, à Riom; marié, avec enfants. — *Cinq-Cents.*
* LALOÜE, 60 ans, né le 12 novembre 1735, à Montluçon; célibataire. — *Cinq-Cents.*
* PÂCRÔS, 49 ans et 8 mois, né à Marsac; marié. — *Cinq-Cents.*
RUDEL, 76 ans, né en 1719, à Chauriat (Puy-de-Dôme); marié, avec enfants. — *Anciens.*

Député n'ayant pas fait de déclaration :

BANCAL. — *Cinq-Cents.*

PYRÉNÉES (BASSES-).

7 députés :

CASENAVE, 31 ans. — *Cinq-Cents.*
CONTE, 57 ans, né à Oleron; marié. — *Anciens.*
* LAA, 43 ans, né à Oleron; célibataire. — *Cinq-Cents.*
MEILLAN, 46 ans; veuf. — *Anciens.*
* NEVEU, 38 ans; veuf, 4 enfants. — *Cinq-Cents.*
PEMARTIN, 41 ans, né à Oleron; célibataire. — *Cinq-Cents.*
* VIDAL, 30 ans; marié — *Anciens* (démissionnaire le 13 ventôse an V).

PYRÉNÉES (HAUTES-).

5 députés :

* DAUPHOLE, 38 ans; marié, 1 enfant. — *Cinq-Cents.*
GERTOUX, 50 ans; marié, 7 enfants. — *Cinq-Cents.*

* GUCHAN, 47 ans ; marié, 3 enfants. — *Anciens.*
LACRAMPE, 38 ans ; marié. — *Cinq-Cents.*
PICQUÉ, 45 ans ; célibataire. — *Cinq-Cents.*

PYRÉNÉES-ORIENTALES.

5 députés :

CASSANYES, 37 ans, né au Canet ; marié, 2 enfants. — *Cinq-Cents.*

DELCASSO, 55 ans et 9 mois, né à Saint-Pierre-des-Forçats ; marié, 1 enfant. — *Cinq-Cents.*

FABRE, 54 ans, né à Vinça ; marié.

GUITER, 35 ans, né le 24 février 1761 ; célibataire. — *Cinq-Cents.*

MONTEGUT, 32 ans, né à l'Ille (district de Prades) ; marié, 3 enfants. — *Cinq-Cents.*

RHIN (BAS-).

8 députés :

ARBOGAST, 35 ans et 11 mois, né le 4 octobre 1759 ; célibataire.

BENTABOLE, 40 ans, né le 4 juin 1756, marié. — *Cinq-Cents.*

* CHRISTIANI, 35 ans et 6 mois, né le 25 février 1760 ; marié. — *Cinq-Cents.*

DENTZEL, 40 ans, né le 25 juillet 1755 ; marié. — *Anciens.*

* EHRMANN, 38 ans et 6 mois; célibataire. — *Cinq-Cents.*

* GRIMMER, 46 ans, né en 1749, à Strasbourg ; marié, avec enfants.

LAURENT, 55 ans, né dans la Haute-Saône ; marié.

LOUIS, 53 ans, né le 10 mars 1742 ; célibataire. — *Cinq-Cents* (décédé le 9 fructidor an IV).

RHIN (HAUT-).

8 députés :

ALBERT, 55 ans et 11 mois, né le 2 octobre 1739 ; marié, 7 enfants. — *Cinq-Cents.*

DUBOIS, 38 ans, né le 22 avril 1758; célibataire. — *Cinq-Cents.*
* GUITTARD, 58 ans; marié, 7 enfants. — *Anciens.*
JOHANNOT, 44 ans; marié. — *Anciens.*
LA PORTE, 38 ans; célibataire. — *Cinq-Cents* (démissionnaire le 28 ventôse an IV).
PFLIEGER, 51 ans, né le 21 janvier 1744; marié, avec enfants. — *Cinq-Cents.*
REUBELL, 48 ans, marié, avec enfants. — *Cinq-Cents.*
RITTER, 35 ans, né à Huningue; veuf, 4 enfants. — *Cinq-Cents.*

RHONE-ET-LOIRE.

16 députés :

BERAUD, 53 ans et 9 mois, né à Valbenoite; marié, 3 enfants.
* BOIRON, 36 ans et 6 mois, né à Saint-Chamond; marié, 2 enfants.
CUSSET, 47 ans, né à Lyon; célibataire.
DU BOUCHET, 58 ans, né à Thiers; marié, 1 enfant adoptif.
DUPUY, 37 ans, né à Montbrison; marié, avec enfants.
FOREST, 62 ans, né à Roanne; marié, avec enfants. — *Cinq-Cents.*
* FOURNIER, 41 ans et 1 mois, né le 30 juin 1754 à Charly; marié, 5 enfants.
LANTHENAS, 41 ans, né au Puy; célibataire. — *Cinq-Cents.*
MICHET, 51 ans, né le 7 mai 1744, à Villefranche (Rhône); marié, avec enfants. — *Anciens.*
MOULIN, 32 ans; marié, avec enfants.
* NOAILLY, 45 ans, né à Changy; marié, avec enfants.
PATRIN, 54 ans, né à Lyon; célibataire.
POINTE, 41 ans, né à Saint-Étienne; veuf.
PRESSAVIN, 60 ans, né à Beaujeu; marié, 2 enfants.
VITET, 60 ans, né à Lyon; marié, avec enfants. — *Cinq-Cents.*

Député n'ayant pas fait de déclaration :

CHASSET. — *Cinq-Cents.*

SAONE (HAUTE-).

7 députés :

BALIVET, 40 ans et 9 mois, né à Gray; marié. — *Anciens.*
BOLOT, 48 ans, né à Gy; marié, sans enfants. — *Anciens.*
CHAUVIER, 44 ans; célibataire. — *Cinq-Cents.*
DORNIER, 50 ans; marié, beaucoup d'enfants (*sic*). — *Cinq-Cents.*
GOURDAN, 51 ans; marié, avec enfants. — *Cinq-Cents.*
SIBLOT, 41 ans; célibataire.
VIGNERON, 44 ans; marié, avec enfants. — *Anciens.*

SAONE-ET-LOIRE.

10 députés :

BERTUCAT, 50 ans; veuf, 1 enfant.
* CHAMBORRE, 34 ans, né à Mâcon; célibataire. — *Cinq-Cents.*
GELIN, 54 ans, né à Champlecy; veuf, 2 enfants.
GUILLEMARDET, 30 ans et 5 mois, né à Couches; marié, 3 enfants. — *Cinq-Cents.*
MAILLY, 52 ans; marié, 15 enfants. — *Anciens.*
* MILLARD, 41 ans, né à Chalon-sur-Saône; marié.
* MONT-GILBERT, 47 ans, né à Autun; marié, 3 enfants, dont 2 à sa femme (*sic*).
MOREAU, 31 ans, né à Annecy (Mont-Blanc); marié en troisièmes noces.
REVERCHON, 49 ans, né à Lyon; veuf, 3 enfants. — *Cinq-Cents.*
* ROBERJOT, 43 ans, né à Mâcon. — *Cinq-Cents.*

SARTHE

9 députés :

BOUTROUË, 38 ans, né le 11 mars 1757, à Chartres; marié, 1 enfant.
* CORNILLEAU, 50 ans et 9 mois; marié. — *Anciens.*

FRANÇOIS [PRIMAUDIÈRE], 44 ans; veuf. — *Anciens.*

FROGER, 43 ans; marié. — *Cinq-Cents* (démissionnaire le 30 pluviôse an V).

* LEHAULT, 43 ans et 6 mois; marié. — *Anciens.*

LE TOURNEUR, 41 ans; marié. — *Anciens.*

RICHARD, 34 ans; marié. — *Cinq-Cents.*

SALMON, 30 ans et 6 mois; célibataire. — *Cinq-Cents.*

SIEYES, 47 ans; célibataire. — *Cinq-Cents.*

SEINE-ET-MARNE.

12 députés :

BAILLY, 35 ans; marié. — *Cinq-Cents.*

BERNARD DES SABLONS, 38 ans; marié, 2 enfants. — *Cinq-Cents.*

BERNIER, 34 ans et 8 mois, né à Crécy (district de Meaux); marié, 3 enfants. — *Cinq-Cents.*

* BEZONT, 35 ans, né à Nemours; marié, 2 enfants.

CORDIER, 46 ans; marié.

DEFRANCE, 53 ans, né à Vassy (Haute-Marne); marié, 3 enfants. — *Cinq-Cents.*

GEOFFROY, 41 ans et 6 mois; marié, 5 enfants.

HIMBERT, 40 ans passés; veuf. — *Anciens.*

MAUDUYT, 35 ans, né le 23 mars 1760, à la Grande-Paroisse (Seine-et-Marne); marié.

OPOIX, 50 ans, né à Provins; veuf.

TELLIER, 40 ans et 6 mois; marié.

VIQUY, 58 ans, né à Commercy (Meuse); marié, 3 enfants. — *Anciens.*

SEINE-ET-OISE.

12 députés :

ALQUIER, 40 ans, né à Talmont (Vendée); marié. — *Anciens.*

AUDOUIN, 30 ans et 8 mois, né le 24 décembre 1764, à Paris; marié, 3 enfants. — *Cinq-Cents.*

BASSAL, 43 ans, né en septembre 1752, à Béziers; marié.

CHENIER, 31 ans, né en 1764, à Constantinople; célibataire. — *Cinq-Cents.*

* DUPUIS, 53 ans; né le 26 octobre 1742, à Trye-le-Château (Oise); marié. — *Cinq-Cents.*

HAUSSMANN, 35 ans, né le 8 septembre 1760, à Colmar; marié, 1 enfant.

MERCIER, 55 ans, né le 6 juin 1740, à Paris; marié. — *Cinq-Cents.*

* RICHAUD, 37 ans, né le 31 décembre 1757, à Faucon (district de Barcelonnette); célibataire. — *Cinq-Cents.*

ROY, 56 ans, né le 15 mars 1743, à Argenteuil; marié — *Anciens.*

TALLIEN, 33 ans, né le 23 janvier 1767, à Paris; marié. — *Cinq-Cents.*

TREILHARD, 53 ans, né en janvier 1742, à Brives (Corrèze); marié, avec enfants. — *Cinq-Cents.*

* VENARD, 51 ans, né le 16 octobre 1744, au Pecq; marié deux fois, 6 enfants et 1 orphelin adoptif.

SEINE-INFÉRIEURE.

17 députés :

BLUTEL, 38 ans; marié, 4 enfants. — *Cinq-Cents.*

BOURGEOIS, 55 ans; marié, avec enfants. — *Anciens.*

DELAHAYE, 34 ans et 6 mois; marié, 3 enfants. — *Cinq-Cents.*

DUVAL, 41 ans; célibataire. — *Cinq-Cents.*

HARDY, 47 ans; célibataire. — *Cinq-Cents.*

HECQUET, 45 ans; marié. — *Anciens* (décédé en frimaire an V).

* LECOMTE, 49 ans; célibataire.

LEFEBVRE, 43 ans et 6 mois; marié. — *Cinq-Cents.*

MARIETTE, 34 ans et 9 mois; marié. — *Cinq-Cents.*

POCHOLLE, 30 ans et 11 mois; marié.

* REVEL, 39 ans; marié, avec enfants.

RUAULT, 47 ans; célibataire. — *Cinq-Cents.*

VINCENT, 45 ans; marié. — *Anciens.*

YGER, 48 ans; marié, avec enfants.

Députés n'ayant pas fait de déclaration :

* ALBITTE jeune.
BAILLEUL. — *Cinq-Cents.*
FAURE.

DEUX-SÈVRES.

7 députés :

AUGUIS, 40 ans passés; marié, avec enfants. — *Anciens.*
* CHAUVIN, 39 ans, né le 11 août 1756; marié. — *Cinq-Cents.*
COCHON, 45 ans; marié. — *Anciens.*
DUBREÜIL, 66 ans; veuf, 6 enfants.
JARD-PANVILLIER, 40 ans passés; marié, avec enfants. — *Cinq-Cents.*
LECOINTE, 30 ans et 8 mois, né le 13 décembre 1764; marié, 1 enfant. — *Cinq-Cents.*
LOFFICIAL, 44 ans; veuf, avec enfants. — *Cinq-Cents.*

SOMME.

13 députés :

DELECLOY, 47 ans; marié en 1775. — *Cinq-Cents.*
* DEQUEN, 37 ans et 9 mois; marié en 1790.
DEVERITÉ, 44 ans; marié en 1777. — *Anciens.*
DUMONT, 30 ans; marié. — *Cinq-Cents.*
GANTOIS, 30 ans; célibataire. — *Cinq-Cents.*
HOURIER ELOY, 41 ans; marié, avec enfants. — *Cinq-Cents.*
LOUVET, 37 ans, marié. — *Cinq-Cents.*
MARTIN, 64 ans; marié en 1771.
RIVERY, 53 ans; veuf, avec enfants. — *Cinq-Cents.*
SALADIN, 43 ans; marié. — *Cinq-Cents.*
* SCELLIER, 34 ans; marié, avec enfants. — *Cinq-Cents.*
* VASSEUR, 52 ans; marié en 1773.

Député n'ayant pas fait de déclaration :

FRANÇOIS (son nom ne figure pas sur la liste récapitulative).

TARN.

10 députés :

CAMPMAS, 39 ans, né à Carmaux (district d'Alby) ; marié, 2 enfants.
DAUBERMESNIL, 47 ans; marié. — *Cinq-Cents.*
* DELTEL, 40 ans, né à Cordes (district de Gaillac); marié, avec enfants.
GOUZY, 32 ans ; marié, 1 enfant. — *Cinq-Cents.*
LACOMBE SAINT-MICHEL, 43 ans ; marié. — *Anciens.*
MARVEJOULS, 64 ans ; marié, avec enfants.
MEYER, 44 ans, né à Mazamet (district de Castres) ; veuf, 1 enfant. — *Cinq-Cents.*
ROCHEGUDE, 53 ans, né à Alby ; célibataire. — *Cinq-Cents.*
* TERRAL, 46 ans, né à Lacaune; marié, avec enfants.
* TRIDOULAT, 55 ans ; veuf, avec enfants. — *Anciens.*

VAR.

5 députés :

* BARRAS, 40 ans passés, né le 30 juin 1755, à Saint-Amphoux ou les Amphoux (Var) ; marié. — *Cinq-Cents.*
* CRUVÉS, 47 ans, né le 17 septembre 1748, à Lorgues (district de Draguignan) ; marié, avec enfants.
DESPINASSY, 38 ans; célibataire. — *Cinq-Cents.*
ISNARD, 37 ans ; marié. — *Cinq-Cents.*
ROUBAUD, 51 ans; marié.

VAUCLUSE.

2 députés :

OLIVIER-GERENTE, 50 ans, né à Malons (Drôme). — *Anciens.*
ROVERE, 47 ans, né le 16 juillet 1748 ; marié. — *Anciens.*

VENDÉE.

8 députés :

GAROS, 56 ans, né à Sérigné, près Fontenay-le-Peuple; marié. — *Anciens.*

GAUDIN, 41 ans, né le 15 janvier 1754, aux Sables-d'Olonne; marié.

GIRARD-VILLARS, 62 ans ; veuf, avec enfants. — *Anciens.*

GOUPILLEAU (de Fontenai), 42 ans, né le 25 juillet 1753, à Apremont (Vendée) ; marié, 2 enfants. — *Anciens.*

GOUPILLEAU [de Montaigu], 46 ans, né le 19 novembre 1749, à Montaigu; marié, 4 enfants. — *Cinq-Cents.*

MAIGNEN, 41 ans, né en mai 1754, à Voulgézac (district d'Angoulême); marié. — *Anciens.*

MORISSON, 44 ans, né le 16 octobre 1751, à Palluau (district de Challans); marié, 2 enfants. — *Cinq-Cents.*

MUSSET, 41 ans; marié. — *Anciens.*

VIENNE.

7 députés :

BION, 65 ans, né à Loudun; marié, avec enfants. — *Cinq-Cents.*

CREUZÉ LATOUCHE, 45 ans, né à Châtellerault; marié. — *Anciens.*

CREUZÉ (Pascal), 59 ans; marié. — *Anciens.*

DUTROU BORNIER, 53 ans, né à Montmorillon; veuf. — *Anciens.*

INGRAND, 38 ans, né le 10 novembre 1756, à Usseau (district de Châtellerault); marié. — *Cinq-Cents.*

MARTINEAU, 40 ans, né à Châtellerault; célibataire.

THIBAUDEAU, 30 ans, né à Poitiers; marié. — *Cinq-Cents.*

VIENNE (HAUTE-).

7 députés :

BORDAS, 47 ans, né le 14 octobre 1748; marié, avec enfants. — *Cinq-Cents.*

FAYE, 52 ans, né à Nexon; marié, 5 enfants. — *Anciens.*

GAY VERNON, 47 ans, né le 6 novembre 1748, à Léonard-sur-Vienne. — *Cinq-Cents.*

LACROIX, 44 ans; marié.

* LESTERPT l'aîné, 50 ans; marié, 6 enfants. — *Cinq-Cents.*

RIVAUD, 41 ans, né le 6 août 1754, à Bellac; marié. — *Cinq-Cents.*

SOULIGNAC, 37 ans, né à Limoges; marié. — *Cinq-Cents.*

VOSGES.

8 députés :

* BALLAND, 34 ans et 6 mois; marié, 2 enfants. — *Cinq-Cents.*

BRESSON, 35 ans; marié. — *Cinq-Cents.*

* CHERRIER, 43 ans et 6 mois; marié, 3 enfants. — *Cinq-Cents.*

COUHEY, 43 ans et 6 mois; marié, 2 enfants. — *Cinq-Cents.*

* FRICOT, 48 ans; marié. — *Cinq-Cents.*

PERRIN, 41 ans, né le 5 mars 1754; veuf, 1 fille. — *Cinq-Cents.*

POULLAIN-GRANDPREY, 49 ans; marié. — *Anciens.*

SOUHAIT, 36 ans, né le 9 janvier 1759; marié, 2 enfants. — *Cinq-Cents.*

YONNE.

7 députés :

CHASTELLAIN, 48 ans, célibataire. — *Cinq-Cents.*

FINOT, 47 ans; veuf, avec enfants.

HERARD, 40 ans, né dans l'Aube; marié, avec enfants. — *Anciens.*

* JEANNEST LA NOÜE, 46 ans et 9 mois; marié, avec enfants. — *Cinq-Cents.*

PRECY, 51 ans, né le 15 décembre 1743 à Chassy, (district de Joigny); marié, avec enfants.— *Cinq-Cents.*

TURREAU, 34 ans; marié, sans enfants.

* VILLETARD, 40 ans et 6 mois; marié, avec enfants. — *Cinq-Cents.*

GUYANE ET CAYENNE.

1 député :

POMME, 39 ans et 5 mois; célibataire. — *Cinq-Cents.*

ILE DE FRANCE.

2 députés :

GOULY, 45 ans environ, né à Bourg (Ain); marié deux fois, 6 enfants. — *Anciens.*

SERRES, 40 ans et demi, né à Alais (Gard), le 11 janvier 1755, marié. — *Anciens.*

MARTINIQUE.

2 députés :

* FOURNIOLS, 41 ans, né à Saint-Pierre (Martinique); marié, 2 enfants. — *Cinq-Cents.*

LITTÉE, 42 ans, né à Saint-Pierre (Martinique); marié. — *Cinq-Cents.*

GUADELOUPE.

2 députés :

DUPUCH, 49 ans; marié. — *Anciens.*

* LION, 58 ans, né le 19 mars 1737. — *Cinq-Cents.*

ILE DE LA RÉUNION.

1 député :

BESNARD, 42 ans, né le 31 janvier 1753, à Rennes; marié. — *Anciens.*

SAINT-DOMINGUE.

6 députés :

BELLEŸ, 48 ans, né à Gorée; célibataire. — *Cinq-Cents.*
BOISSON, 29 ans, né au Cap français; marié. — *Cinq-Cents.*
DUFAŸ, 42 ans, né à Paris; marié. — *Cinq-Cents.*
GARNOT, 38 ans, né à Sezanne (Marne); marié. — *Cinq-Cents.*
* LAFOREST aîné, 51 ans, né près le Cap français; marié. — *Cinq-Cents.*
MILLS, 46 ans, né au Cap français; marié. — *Anciens.*

ESSAI BIBLIOGRAPHIQUE

SUR LES LISTES DES CONVENTIONNELS PUBLIÉES JUSQU'A CE JOUR

On a réuni dans cet essai la mention précise de toutes les listes des membres de la Convention publiées jusqu'à ce jour.

En signalant les tentatives récentes faites pour donner un tableau complet de l'Assemblée révolutionnaire, peut-être a-t-on omis quelques travaux secondaires, mais on croit n'avoir rien oublié d'essentiel.

Un *Recueil de listes de députés à la Convention nationale*, conservé aux Archives nationales, porte cette note qui semble bien être de l'écriture du conventionnel Camus, premier garde général des Archives : « Aux trois listes qui composent ce Recueil, il faut joindre une quatrième liste des députés qui étaient en activité au 1er vendémiaire an IV. Elle se trouve dans le treizième volume de la collection des pièces relatives à la Constitution. » En se reportant au volume indiqué, on peut constater que cette liste n'est autre que celle qui fut dressée en exécution du décret du 13 fructidor an III. C'est la plus correcte, sinon la plus complète, vu la date, des listes officielles du temps (voy. ci-après n° 12).

Les deux autres publications recueillies et signalées par Camus, sont : la liste des députés classés par départements (voy. n° 2), en 20 pages ; la liste alphabétique de février 1793 (n° 4), sortant comme la précédente de l'Imprimerie nationale et plusieurs fois réimprimée sans changements, mais avec des dates différentes (voy. n° 6).

La troisième liste du Recueil des Archives est le *Tableau de la*

Convention nationale, en 108 pages, longuement décrit ci-après sous le numéro 10 ; mais ce document ne nous paraît avoir aucun caractère officiel. Ainsi, les listes officielles, sorties de l'Imprimerie nationale, se réduiraient, à part les doubles tableaux alphabétiques et départementaux placés en tête des almanachs nationaux de 1793, de l'an II et de l'an III, à trois types :

1° La liste par ordre de départements, publiée à la fin de 1792 ou au début de 1793 ;

2° La liste alphabétique publiée en février 1793 et plusieurs fois réimprimée ;

3° La liste départementale dressée en exécution du décret du 13 fructidor an III.

Toutes les autres publications contemporaines sont des entreprises commerciales privées, sans caractère authentique.

Aucune de ces listes, officielles ou non, n'est absolument correcte ni complète.

Parmi les tentatives plus récentes faites pour donner un état définitif des députés à la Convention, il convient de signaler au premier rang celle qui a été établie par les soins de M. Bord et imprimée récemment dans la *Revue de la Révolution*. Bien qu'elle ne soit pas exempte de toute critique, cette liste est, sans contredit, le travail le plus sérieux et le plus complet qui ait été publié jusqu'ici sur la matière.

---

1. *Convention nationale. — Liste des citoyens députés par ordre de départements* (suivie d'une) *Liste alphabétique des noms des citoyens députés, avec leurs demeures.*

Cette double liste est placée en tête de l'*Almanach nationale de France* de 1793, de l'an deuxième et de l'an troisième. — Elle est suivie, dans chaque almanach, de la liste des Comités.

2. *Liste des citoyens députés à la Convention nationale* (par départements) Sans titre. In-8, 20 p. On lit, à la p. 19 : A Paris, de l'Imprimerie nationale (fin 1792 ou commencement de 1793).

Les députés du Mont-Blanc ne figurent pas encore sur cette liste, qui porte Cavenelle comme représentant des Pyrénées-Orientales.

3. *Liste des citoyens députés à la Convention nationale, par ordre alphabétique de leurs départements.* — Paris, Imprimerie nationale, l'an Ier de la République, in-8, 22 pages.

Liste assez exacte; mais les noms sont très singulièrement orthographiés. Le Mont-Blanc n'y figure pas.

Bibliothèque nationale : Le 36, 23.

4. *Liste par ordre alphabétique des noms des citoyens députés à la Convention nationale, avec leurs demeures, au mois de février* 1793. — A Paris, de l'Imprimerie nationale, 1793, in-8, 32 pages.

Cette liste porte le nom de Cavenelle.

5. *Liste par ordre alphabétique des noms des citoyens députés à la Convention nationale avec leurs demeures au mois d'août* 1793.

Le titre manque et l'exemplaire que nous avons consulté n'a que les 16 premières pages.

Cette liste est un nouveau tirage non modifié de la liste du mois de février 1793.

6. *Liste par ordre alphabétique des noms des citoyens députés à la Convention nationale,* avec leurs demeures au second mois de l'an II de la République. — Paris, Imprimerie nationale, in-12, 34 pages.

Cette liste contient les noms de Cavenelle, Colles, Coulant, Desjajis, Godard, Joel Barsow, Pebt, qui n'ont jamais été ni députés à la Convention, ni suppléants.

7. *Liste des députés à la Convention nationale par ordre alphabétique des départements.* — De l'Imprimerie de Pougin, rue Mazarine, n° 1602 (1793), in-8. 8 pages.

Cette liste, très inexacte et très incomplète, car des départements entiers, la Creuse, la Moselle, les Hautes et Basses-Pyrénées, les Pyrénées-Orientales, la Haute-Saône manquent, indique les Conventionnels qui faisaient partie des précédentes assemblées. C'est une des rares listes contemporaines fournissant ce renseignement.

8. *La Convention telle qu'elle fut et telle qu'elle est, ou liste alphabétique, tant des députés actuellement en fonctions, que de ceux qui en sont sortis d'une manière quelconque, leurs noms, qualités et demeures* ; à Paris, Levigneur et Froullé, 1793, in-8, 71 pages.

On y trouve les noms de Cavenelle, Joel Barsow, etc.

La liste des députés s'arrête à la page 48. Puis vient (p. 49-71) un *Supplément aux déclarations et observations faites par plusieurs députés dans le troisième appel pour le jugement de Louis XVI, en date des 17 et 18 janvier* 1793.

9. *Liste, par ordre alphabétique, des noms des citoyens députés à la Convention nationale, avec leurs demeures.* Dernière édition. — Paris, chez la citoyenne Touron, libraire, au Palais Égalité, près le passage vitré et la citoyenne Lefèvre, rue Percée.

On y trouve les noms de Godard, Joel Barsow, etc.

10. *Tableau de la Convention nationale* (rédigé par Guyot et Charron aîné), contenant : 1° la liste des députés par ordre alphabétique de leurs dépar-

tements, suivant le rang de leur nomination; leur profession; le lieu de leur domicile; celui de leur résidence à Paris; 2° les noms des Présidents de la Convention; 3° ceux des huissiers de la Convention et leur demeure; 4° une instruction sur les travaux dont sont chargés les différents Comités, et le nombre des membres qui les composent; 5° les noms des députés, par ordre alphabétique et leur demeure à Paris; 6° la liste des différents bureaux de la Convention, leur emplacement, et les noms des commis qui y sont employés. — Le tout suivi d'une table générale des matières. — Edition faite d'après les notes des députés. — A Paris, chez Guillaume jeune et Pougin, imprimeur; 1793 (vers la fin de février, le dernier président cité est Dubois de Crancé, élu le 21 février 1793), in-8, 108 pages. Malgré les promesses du titre, cette liste est pleine d'inexactitudes. On y trouve les noms de députés, qui, comme Joel Barscow (Mont-Blanc), Fenède (Orne), Denis Vaucher (Jura), Cavenelle (Pyrénées-Orientales), n'ont jamais été ni députés, ni suppléants.

11. *Liste* (alphabétique) *des représentants du peuple à la Convention nationale, avec le nom de leurs départements et leurs demeures à Paris.* Nouvelle édition. — Paris, chez Dufart, imp. lib., an 3me de la République (juin 1794), in-12, 54 pages.

12. *Convention nationale. — Liste, formée en exécution de l'art. II du décret de la Convention nationale du 13 fructidor de l'an troisième, des Membres de la Convention qui y sont en activité* (par départements). — A Paris, de l'Imprimerie de la République, in-8, 30 pages et 1 page de *supplément.*

Cette liste, certifiée véritable par les membres du Comité des Décrets a eu plusieurs tirages qui diffèrent par le caractère typographique. Elle a été reproduite en province. Nous en avons vu un exemplaire imprimé chez Ancelle, à Evreux, ayant, comme le tirage officiel, 30 pages, plus un supplément d'une page.

13. *Répertoire ou série exacte et complète de tous les représentants du peuple, députés aux Assemblées Constituante, Législative, Convention nationale, Conseils des Anciens et des Cinq-Cents,* par ordre de départements, avec des notes historiques, une table alphabétique des noms de ces représentants, etc. — Paris, (s. d.), Lefort et Moutardier, troisième partie, in-12. (La Convention nationale commenee à la p. 137.)

C'est la seule liste qui indique, à la suite de chaque département, les suppléants ayant siégé. Des notes mentionnent les députés assassinés, exécutés, déportés et les Conventionnels nommés aux Conseils des Anciens et des Cinq-Cents.

14. *Petite biographie Conventionnelle, ou tableau moral et raisonné des 749 députés qui composaient l'Assemblée dite de la Convention,* etc. Seconde édition, ornée d'une jolie gravure. — Paris, Alexis Eymery et Delaunay, 1816, in-8, 310 pages. La première édition est de 1815.

Barbier donne comme auteur de cet ouvrage, dont la date indique la tendance, Ant. Joseph Raup de Baptestein de Moulières.

15 *Petite biographie des Conventionnels, avec leurs votes dans le procès de Louis XVI* (1), par un Jacobin converti. — Paris, chez les libraires marchands de nouveautés au Palais-Royal, 1826, in-32, 160 pages.

Abrégé de la petite biographie conventionnelle, non cité dans Barbier ni dans Quérard.

16 *Tableau synoptique de la Convention nationale.* — Paris, imp. F. Didot frères, 1843, in-8.

Bibl. nat. Le 36, 3.

17 Liste des Conventionnels, publiée en tête du premier volume de la *Biographie des Contemporains* de Jay, Jouy, etc.

18 *Abrégé chronologique de l'histoire de France par le président Hénault continuée jusqu'aux événements de* 1830, *par Michaud ;* 4e édition, — Paris, Simon Dautreville, 1853, gr. in-8 : p. 542-555, appels nominaux des jugements de Louis XVI ; p. 615-617 : *Nomenclature parlementaire, liste alphabétique de tous les départements ayant fait partie des Assemblées délibérantes de* 1789 *à* 1799, *avec la mention des Assemblées auxquelles chacun d'eux a appartenu.*

19 Le grand Dictionnaire de Larousse donne, au mot Convention, une *liste alphabétique des Conventionnels*, sans leurs prénoms.

20 La liste des députés à la Convention la plus complète et la plus exacte qui ait été publiée est celle qui a paru dans la *Revue de la Révolution*, de MM. Ch. d'Héricault et A. Bord (Documents inédits. Tome III et IV, 1883-1884). — Il est seulement regrettable que cette liste alphabétique, publiée par fragments et difficile à consulter, n'ait pas été tirée à part.

(1) Il faudrait joindre à ces listes les appels nominaux sur le jugement de Louis XVI qui donnent l'état de la Convention au 21 janvier 1793. Ainsi Caila, mort le 21 janvier, est porté malade, et la démission de Manuel, envoyée le 19, est indiquée dans l'appel nominal.

Table des Matières.

(Durée de la Convention, 21 7bre 1792 au 4 brumaire an IV (26 8bre 1795).)

Extrait des Statuts approuvés par l'assemblée du 15 mars 1888.

I

1. Il est institué une Société de l'Histoire de la Révolut française. Son siège social est rue de Furstenberg, 4, à Paris.

2. L'objet de la Société est :

De faire prévaloir la méthode scientifique dans les études la Révolution française.

D'offrir un point de ralliement aux personnes qui, à Pa et dans les départements, s'occupent de l'Histoire de Frai depuis 1789.

De publier des textes inédits ou rares et des œuvres origina touchant l'histoire de France depuis 1789.

D'organiser des conférences historiques à Paris et dans départements.

De préparer la prochaine commémoration de la Révolut française (Comité d'études pour la préparation historique du C tenaire de 1789).

II

La Société se compose de membres fondateurs et de membı adhérents. Les membres fondateurs sont les personnes qui versé, une fois pour toutes, une somme d'au moins 500 fr. L membres adhérents versent une cotisation annuelle de 20 fr. L uns et les autres reçoivent gratuitement toutes les publications la Société.

Les personnes qui désirent entrer dans la Société doivent faire présenter par deux membres du Comité directeur, qui stat sur l'admission.

III

La Société est administrée par un Comité directeur 32 membres. L'assemblée générale de la Société renouvelle to les ans le quart des membres de ce Comité. Le bureau de Société est nommé annuellement par le Comité.

Ce bureau se compose d'un président, de trois vice-président d'un secrétaire général et d'un secrétaire général-adjoint et tr sorier. Les membres du bureau sont rééligibles.

Le premier renouvellement du Comité aura lieu en mars 18

L'assemblée générale se tiendra tous les ans, le premi dimanche de mars.

PUBLICATIONS DE LA SOCIÉTÉ

EN VENTE AU SIÈGE, RUE DE FURSTENBERG, 4

OUVRAGES DÉJA PARUS :

Qu'est-ce que le Tiers état ? par EMMANUEL SIEYÈS, précédé de l'*Essai sur les privilèges*, édition critique avec une introduction par EDME CHAMPION, Paris, 1888, in-8. — Prix : 4 fr.

Liste des Membres de la Noblesse impériale, dressée d'après les registres de lettres patentes conservés aux Archives nationales, par ÉMILE CAMPARDON. Paris, 1889, in-8. — Prix : 3 fr.

EN PRÉPARATION :

Mémoires inédits de Fournier l'Américain, publiés par F.-A. AULARD.

Discours de Mirabeau à la nation provençale, édition critique par AUGUSTE DIDE.

Liste critique des membres de la Constituante, de la Législative, du Conseil des Cinq-Cents et du Conseil des Anciens, par ÉTIENNE CHARAVAY et ALEXANDRE TUETEY.

Procès-verbaux inédits des districts de Paris en août 1789, par ÉTIENNE CHARAVAY.

Paris. — Typ. Gaston NÉE, rue Cassette, 1.

www.ingramcontent.com/pod product compliance
Ingram Content Group UK Ltd.
Pitfield, Milton Keynes, MK11 3LW, UK
UKHW031840260826
14628UKWH00001B/490

9 782019 724740